Perfect Guide of
Family Camping

東北

\ 親子で行きたい！/

ファミリーキャンプ場

完全ガイド

改訂版

「東北ファミリーキャンプ」
編集室 著

JN103282

Mates-Publishing

はしがき

大自然の中で川のせせらぎや虫・鳥の鳴き声を聞きながら、夜は都会では決して見られない星空を眺めることができる、非日常を味わうことができるキャンプは、子どもも大人も楽しめるアウトドアレジャーだ。家族で力を合わせて準備をする、準備もまたレジャーの一部。子どもにテントの張り方や、包丁の使い方、野菜の切り方を教えるいい機会。そうすることで子どもたちはいつのまにか自然のルールを身に着ける。

サイトまで車で移動ができる「オートキャンプ」や、車は専用の駐車場などに置き、テントやタープのみ設営する「テントサイト」。その中でも、自由に設営ができる「フリーサイト・オートフリーサイト」といったキャンプスタイルがあり、種類や目的もさまざま。ホテルや旅館に泊まるような快適さと引き換えに、野外で「一夜を過ごす」ということだけで、ワクワクが得られるはず。

こだわりのキャンプ用品一式をそろえて臨むのはもちろん、食器や鍋など日常の家庭用品を持って出かけてもよいし、テントやタープ、バーベキューコンロ、テーブル、ランプ、シュラフなど、レンタルが充実した施設もあるので、足りない用品は現

地でレンタルするのもいい。また、「手ぶらでキャンプ」が楽しめる施設もあり、準備の手間を省き少ない荷物で気軽にキャンプがしたい方、何を用意したらよいかが分からないキャンプビギナーは利用してみるのもいいだろう。まずは自然の中で遊ぶ感覚で出かけてみよう。

この本では、子ども連れのファミリーにおすすめの施設はもちろんのこと、キャンプビギナーやベテランキャンパー必見のキャンプ場まで、様々な施設をピックアップしています。キャンプ場の設備をはじめ、レンタル品や買い出し、食事、入浴やキャンプエリアでの楽しみ方、ワンポイ

ントアドバイスなど、事前に知っておくと便利な情報が満載。また、ゴミ、花火、ペットなど、施設ごとの利用条件などもご案内。自然への配慮とマナーを忘れずに、子どもと一緒にキャンプライフを楽しみ、家族の素敵な思い出を作って下さい。

最後に、取材に対応して下さった施設の方々に、この場をお借りしてお礼を申し上げます。お忙しい中、丁寧にご案内下さり、ありがとうございました。この本を手にとって下さったみなさま、子どもと過ごせる時間を大切に、家族でどんどんお出かけ下さい。また、本に対するご意見、ご感想もお待ちしております。

この本の使い方

昆虫採集・ハイキング・バーベキューなどの「アウトドア」
スポーツができる施設や遊具があるなどの「スポーツ」
湖や川、海のそばで釣り・カヌー・カヤックなどの「水あそび」
自然について学んだり、ものづくりなどの「体験」
の4種類にカテゴリー分けしました。

設備情報

管理棟・炊事棟・管理人24時間常駐・トイレ・シャワー・ランドリー・食事処・売店・自販機・BBQ・夜間照明・ドッグラン・Wi-fiについて、設備の有無をアイコンで示しました。

サイトプロフィール

サイトの環境や、管理人の駐在情報を案内しています。

予約・問い合わせ

予約する際の電話番号や受付方法などを記しました。

総サイト数

区画サイト、テントサイトを合わせたおよその数を表示。

オートキャンプサイト

車を区画に駐車できるサイト数、AC電源あり・なしを表示。

テントサイト

区画がなく、自由に設営ができるフリーサイト、常設テント（※車は一般駐車場を利用）のテント数や、車の乗り入れが可能なオートフリーサイトの表記あり。

キャンピングカーサイト

利用状況、専用の区画サイト数。AC電源ありの場合は表示あり。

その他

主にテント以外の宿泊施設数を表示。

青森県
弥生いこいの広場オートキャンプ場
やよいいこいのひろばおーときゃんぷじょう
スポーツ　http://www.hirosakipark.or.jp/yayoi/

管理棟　24時間常駐　トイレ　シャワー　ランドリー　食事処　売店　自販機　炊事場　BBQ　夜間照明　ドッグラン　Wi-fi

サイトプロフィール

サイトフィールドは芝生で、ペグはどのタイプでもOK。木がところどころに植えられているが、隣との区切りが明確ではないので、マナーを守りながらサイトレイアウトの工夫をしよう。管理人は24時間常駐となる。

予約・問い合わせ
☎0172-96-2117
Telおよび現地にて随時受付

▲サイトは1区画およそ9m×10mの広さ

総サイト数	30	
オートキャンプサイト	AC電源あり	6区画
	AC電源なし	20区画
テントサイト	なし	
キャンピングカーサイト	AC電源あり4区画	
その他	宿泊施設なし	

▲BBQを楽しもう。　　▲ポニーに乗ることもできるよ。

🌿 初心者や子連れファミリーでも気軽に利用できる

岩木山のふもと、津軽平野をはじめ、遠くは八甲田連峰を望む素晴しい景観の中、オートキャンプ場や動物広場、ピクニック広場で、自然に親しみながら思う存分楽しめる。オートキャンプサイトは30区画あり。レンタル用品が充実しているので、初心者でも安心して楽しめるキャンプ場。

サイト間の区切りは木が数本のみといった感じなので、開放感があり、グループで訪れた際にも使用しやすい。場内にはサニタリー棟が1ヵ所あり、炊事場、トイレ、コインシャワー、コインランドリー、ゴミ集積所などの設備が整っている。

利用条件	
花火	手持ちのみ。場所限定にて
焚火	器具使用にてOK。芝を傷めないこと
ペット	条件付きだが、同伴OK
ゴミ	分別してサニタリー棟へ

24

利用条件

焚火、ゴミ、花火、ペットについて、利用の有無、条件を明記しています。

※この情報は2021年2月現在のものです。営業時間や休業日、料金などは予告なく変更になる場合がありますので、事前に必ずご確認下さい。
※新型コロナウイルス感染症の影響で、紙面の内容から変更になる場合もあります。事前に必ず問い合わせをしてからお出かけください。

料金案内

サイト使用や宿泊施設の料金のほか、入場料または施設管理料など、サイト使用以外にかかる料金についてご案内しています。AC電源はサイト料金に含まれる場合と、別途支払いの場合あり（要確認）。

プレイスポット

施設内や周辺の見どころ、遊びどころ、楽しく過ごせるポイントを紹介しています。

売店・買い出し・食事・レンタル用品

場内や最寄りの売店・食事の情報、施設内でのレンタル品について案内してあります。多数ある場合は、主なものを記しました。キャンプ用品は、予約が必要な場合がありますので、ご注意下さい。

ワンポイント情報

出かける前に知っておくと便利な情報が記載されています。

湯

施設内または周辺の入浴施設情報を案内しています。

Information

施設へのアクセス、休業日などの基本情報です。利用期間、チェックタイムはキャンプサイトの時間を案内しています（宿泊施設は除く）。

ピクニック広場でのひのひ過ごそう。

料金案内
●入場料
無料
●オートキャンプサイト
1張1色・テント、タープ1張ずつ
1区画/3,140円
電源1kwにつき310円
●キャンピングカーサイト
1区画/3,140円
電源1kwにつき300円
●デイキャンプ
車1台・10人まで
1区画/1,570円
電源1kwにつき100円

プレイスポット ★

動物広場では、シロクジャクやラマ、プレーリードッグなど、かわいい動物たちが待っている。ポニー乗馬や、ヤギ、ウサギ、モルモットとのふれあいも楽しもう。ピクニック広場には芝生が広がり、ボールやバドミントン、家族で虫採りなどのアウトドアを満喫し、自然の中で楽しめる。

売店・買い出し・食事

場内にある売店では、調味料、動物のぬいぐるみやお土産、炭などを販売している。食事は無料休憩や売店のある「ハイランドハウス」まで。最寄りのめられば、コンビニや生鮮食品を販売するスーパーが車で10分ほどのところに。必要なものは事前に準備し、買い出しをしておこう。

レンタル用品

テント1,570円〜、バイザーシート1,500円、毛布210円、炊飯器520円、BBQコンロ2,000円〜、テーブルセット1,040円など。

湯 ★

車で10〜20分ほどのところに、百沢温泉郷や嶽温泉郷などの温泉街があり、公衆浴場もある。キャンプ場に向かう途中、いくつか看板がある。

かわいいペンギンにも会えるよ。

ワンポイントアドバイス
朝夕は涼しいので、上着を一枚多めに準備していくことをおすすめしたい。

Information
所在地　青森県弘前市百沢字東岩木山2480-1
利用期間　4月下旬〜10月末日
利用時間　IN11:00　OUT10:00
　　　　　デイキャンプ 11:00〜16:30
休業日　営業期間中無休（動物広場は月曜日休）
車　東北自動車道大鰐弘前ICより国道7号を弘前方面、アップルロード経由、岩木山・鯵ヶ沢方面へ約40分
駐車場　あり（250台）無料

板柳町↑
岩木山　・弘前第二高原学校　★弥生いこいの広場
　　　　　　　　　　　オートキャンプ場
岩木山神社　岩木行合

25

もくじ

※本書は2016年発行の『東北　親子で行きたい！ファミリーキャンプ場完全ガイド』の改訂版です

もくじ

東北全図

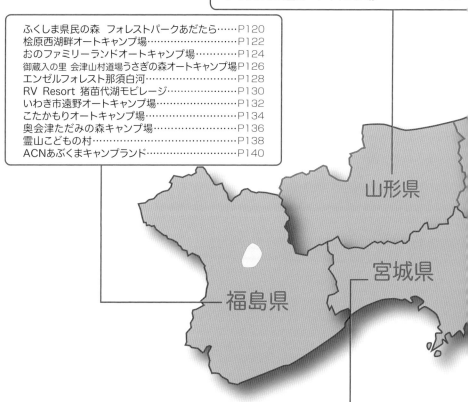

山形県

宮城県

福島県

秋田県

青森県

岩手県

快適キャンプ必須アイテム

あると便利グッズ

大きめのブルーシートを準備しておくとよい。荷物の「とりあえず置き場」にしたり、テントの中に敷いたり、テントのサイズより少し小さめのサイズを、地面に敷いてから設営したりと、インナーマットやグランドマットの代用にもできる。また、雨が心配される日は、テントの上からバリリと覆い、ロープとペグで固定しておけば大雨の夜の対策にも。小さめのちり取りとほうきは、テント内に入った砂や芝生などを取るのに重宝する。洗濯バサミやロープ、ハンガーなど、ちょっとした洗い物を干すときに便利。S字フックもゴミ袋を掛けるなど、なにかと活躍する。

夜間や緊急時の備え

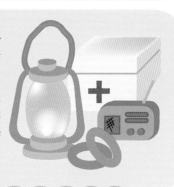

　小型の電池式ランプは、枕もとにぜひ置いておきたい。子ども達が夜トイレに行くときなど、寝ながら片手でスイッチを付けられて、周りを明るく照らしてくれる。電気の暗いトイレもあるのでおすすめ。

　ケミカルライトは、テントの出入口やロープの足下など、つまづきやすいところに設置しておくといい。100円ショップ等で見かけるときもあるので探してみて。場所が変わると急に熱を出す子どもも少なくない。冷えピタや風邪ぐすり、消毒液など、最低限の救急セットは持参して行こう。また、災害時に備えてラジオがあると安心。

必ず持って行こう！

　夜になると冷えるのが野外。厚手の上着は必ず持って行こう。秋頃からの山キャンプは、かなり冷え込む日もあるので、スキーウェアの上着があれば便利。また、子ども達は自然の中で思う存分遊ぶもの。

　着替えやタオル類は多めに準備しておこう。夏は虫除けや帽子なども忘れずに！

食材にプラスワン

野外での食材の量は悩むもの。おもちやパスタ、うどんなどの乾麺、マッシュポテトのもとなどを忍ばせておけば、足りない時のもう一品に最適。

マッシュポテト

パスタ

青森県

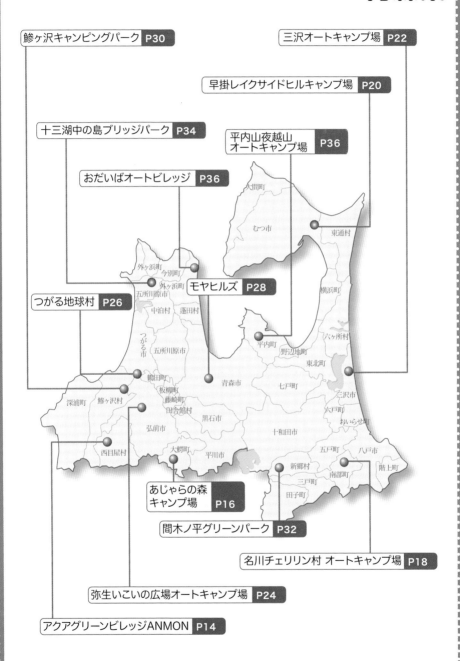

鯵ヶ沢キャンピングパーク P30

三沢オートキャンプ場 P22

早掛レイクサイドヒルキャンプ場 P20

十三湖中の島ブリッジパーク P34

平内山夜越山
オートキャンプ場 P36

おだいばオートビレッジ P36

モヤヒルズ P28

つがる地球村 P26

あじゃらの森
キャンプ場 P16

間木ノ平グリーンパーク P32

名川チェリリン村 オートキャンプ場 P18

弥生いこいの広場オートキャンプ場 P24

アクアグリーンビレッジANMON P14

アクアグリーンビレッジANMON

あくあぐりーんびれっじあんもん

アウトドア

http://www.kumagera.net/

 管理棟
 24時間管理
 トイレ
 シャワー
 ランドリー
 食事処
 売店
 自販機
 炊事棟
 BBQ
 夜間照明
 ドッグラン
 Wifi

サイトプロフィール

オートサイトは芝のフィールド。オートフリーサイトは河原なので、土や砂利。硬い地面ではないが、心配であれば、プラスチック以外のペグを持参しよう。管理人は24時間常駐。

▲オートサイトは全16区画。

予約・問い合わせ

☎ 0172-85-3021

Telにて受付
オフシーズンは0172-85-3113
（グリーンパークもりのいずみ）へ

▲センターハウス。

▲「暗門の湯」で温まろう。

総サイト数	70	
オートキャンプサイト	AC電源あり	なし
	AC電源なし	16区画
テントサイト	オートフリーサイト50張	
キャンピングカーサイト	専用区画はないがフリーサイトにて可	
その他	コテージ9棟	

⛺ 雄大な自然へ続く散策路を歩こう

　森林と清流に囲まれた施設は、世界遺産白神山地の入口にあり、オートキャンプをメインに、川遊びや周辺の自然探検、トレッキングなど、大自然を思いっきり満喫できるところだ。キャンプサイトは区画されたオートサイトと、河原で自由に設営ができるオートフリーサイトがある。オートサイトは全16区画があり、整備されたサイトで快適に過ごすか、流れの穏やかな河原で、ワイルドなアウトドアを堪能するかは、お好み次第。お気に入りのスタイルで選ぼう。キャンプ場の中央には、サテライトハウスがあり、炊事場、カマド、水洗トイレ、センターハウスには入浴施設あり。また、冷暖房完備のコテージもある。

利用条件

花火
打ち上げ禁止。手持ちのみ。

焚火
器具使用にてOK。
芝を傷めないこと。

ペット
リード必須にてOK。
但し散策道内は禁止。

ゴミ
分別して指定の場所へ。

巨大なわんぱく砦に挑戦だ!

プレイスポット

そばを流れる暗門川は、水辺に下りることが可能で、水遊びができる。子どもたちに人気の巨大な複合遊具「わんぱく砦」で遊んだり、世界自然遺産白神山地のブナ原生林の散策(所要時間30～120分)など、大自然の中で思いっきり遊ぼう。

ブナの原生林を進むトレッキング。

売店・買い出し・食事

売店では、炭、薪、バーベキュー用網や日用品、お菓子、飲み物類などを販売。センターハウスでは、白神ざるそばや暗門ランチなどが味わえるレストランがある(11:00～15:00)。買い出しは、コンビニへは車で30分ほど、スーパーへは45分ほど。

レンタル用品

レンタル品はないので、キャンプに必要なものは持参しよう。忘れ物が無いよう準備はしっかりとしておくこと。

センターハウス内にある大浴場、「暗門の湯」で入浴ができる。大人550円、小人350円(宿泊者入浴6:00～21:00)。

ワンポイントアドバイス

連泊の場合は、2泊目から入浴料が無料になる。最寄りのお店まで距離があるので、買い物は済ませてから行こう。

Infomation

所在地	青森県中津軽郡西目屋村大字川原平字大川添417
利用期間	4月下旬～11月初旬(積雪により変動あり)
利用時間	IN12:00 OUT10:00
	デイキャンプ10:00～16:00
休業日	営業期間中は無休
交通	JR弘前駅より弘南バス<田代行き>西目屋村役場前下車シャトルバスにてアクアグリーンビレッジANMON下車すぐ
車	東北自動車道大鰐弘前ICより県道28号を西目屋村方面へ約60分
駐車場	あり(100台)無料

津軽CC岳コース ③
岩木山総合公園
西目屋村役場
204
目屋ダム 28 弘前市
美山湖
★アクアグリーンビレッジ ANMON
藤里町

あじゃらの森キャンプ場

あじゃらのもりきゃんぷじょう

アウトドア

http://www.town.owani.aomori.jp/kan1-cam.html

 管理棟　 24時間管理　 トイレ　シャワー　ランドリー　 食事処　売店　自販機　 炊事棟　BBQ　夜間照明　ドッグラン　Wifi

サイトプロフィール

サイトは、自由に設営ができるフリーテントサイトだ。エリア的には小さいが、見晴らしも良く快適。管理人は（GW、7月下旬〜9月上旬、ケビン宿泊者がいる場合）24時間常駐する。

予約・問い合わせ

☎0172-47-6664

Tellにて受付

▲テント設営のみのフリーサイト。芝生のフィールドが気持ちいい。

▲リーズナブルな価格で利用できる宿泊施設。

▲かまどが設置された屋根付きの炊事棟。

総サイト数	20	
オートキャンプサイト	AC電源あり	なし
	AC電源なし	なし
テントサイト	フリーサイト20張	
キャンピングカーサイト	なし	
その他	宿泊施設12棟	

🏕 ふかふかの草原で家族や仲間とキャンプを楽しもう

　大鰐温泉スキー場に隣接した、広々としたゲレンデの一角にあるキャンプ場。サイトは自由に設営できるフリーサイト（テントサイト）となっている。エリア自体はやや小さめだが、草原が広がる景観は素晴しく、眼下には夜景を見ることもできる。設備は、屋根付きの炊事棟があり、かまどが設置されている。水まわりは、手入れが行き届き、清潔に保たれているので、気持ち良く使用することができる。トイレは管理棟の中にあるので利用しよう。

　また、リーズナブルな料金で利用できる、開放感あるケビンや森林に囲まれたバンガローもあるので、手軽にキャンプを楽しみたい場合は利用するのもいい。

利用条件

花火
手持ちのみ。場所限定にて可

焚火
器具使用にてOK。
芝を傷めないこと

ペット
ごめんなさい。おうちでお留守番してね。

ゴミ
分別してサゴミステーションへ

なだらかな斜面に設置された遊具。

料金案内

●入場料
無料
●テントサイト
1張/600円
●バンガロー1泊1名
700円
●ケビン1泊6・8人用
1棟/10,400円（4月～9月）
1棟/6,300円（10月～11月）
※ケビン利用者は1人につき＋1,100円
●デイキャンプ
管理費/大人120円、小・中学生60円、幼児無料（日帰り利用者のみ）

プレイスポット

　景観の良い緑いっぱいの草原で、ゆったりとした時間を過ごそう。キャンプ場周辺には、遊具のある「わんぱく広場」や、高原で爽やかに「テニス」が楽しめる。また、近くには県立自然公園「茶臼山公園」があり、5月中旬～下旬頃つつじが見ごろに。毎年つつじまつりが開催され、大勢の人が花見に訪れる花の名所となっている。

あじゃら山にあるスポーツ施設で楽しむのもいい。

売店・買い出し・食事

敷地内に売店はないが、木炭1kg300円、薪1束300円などを販売している。食事はアウトドア料理を楽しもう。最寄りのお店が、車で10分のところにラーメンやそばなどのメニューがある「地域交流センター鰐come」がある。コンビニ、スーパーへは車で10分ほど。

レンタル用品

テント（5人用）1,400円、寝袋1枚300円、貸毛布1枚300円などのレンタルがある。ほか、キャンプに必要なものは持参しよう。

温　露天風呂のある「地域交流センター 鰐come」までは、車で10分ほど。大人500円、小人250円（町内は大人350円、小人170円）9:00～22:00。

ワンポイントアドバイス

大鰐温泉スキー場に隣接したキャンプ場だが、国道から入口を見逃さないよう注意が必要。また、ボールやバドミントンなどの遊具を持参するとよいかも。服装は1枚多めに用意して行こう。

Infomation

所在地	青森県大鰐町大字大鰐字滝頭28-74
利用期間	4月下旬～11月初旬
利用時間	IN15:00 OUT10:00 デイキャンプ 9:00 ～ 17:00
休業日	営業期間中無休
交通	JR大鰐温泉駅よりタクシーで約10分
車	東北自動車道大鰐弘前ICより国道7号から県道198号をあじゃらの森方面へ約15分
駐車場	あり（32台）無料

名川チェリリン村オートキャンプ場

ながわちぇりりんむら おーときゃんぷじょう

アウトドア

http://www.town.aomori-nanbu.lg.jp/index.cfm/11,471,49,207,html

| 管理棟 | 24時間管理 | トイレ | シャワー | ランドリー | 食事処 | 売店 | 自販機 | 炊事棟 | BBQ | 夜間照明 | ドッグラン | Wifi |

サイトプロフィール

サイトフィールドは、芝とデッキの2つのタイプがあるオートフリーのキャンプ場。仕切りがないので、テントの設営は工夫をしよう。管理人は24時間常駐。

▲ツリーハウスとキャンプスペース。

予約・問い合わせ

☎0178-76-2471

Tellにて4月～当日まで随時受付

▲夜のキャンプ場風景。

▲ケビンハウスもあり。

総サイト数	20	
オートキャンプサイト	AC電源あり	なし
	AC電源なし	20区画
テントサイト	なし	
キャンピングカーサイト	専用区画はないが	
	大き過ぎなければ可	
その他	ツリーハウス30棟	

 ## ツリーハウスやケビンハウスもある

　名久井岳の山麓に広がる「チェリリン村」内にある、カラフルなとんがり屋根がかわいい、ツリーハウスを中心としたオートフリーのキャンプ場。ファミリーにぴったりのアウトドアレジャー施設だ。サイトは、テントおよびツリーハウスを利用の場合でも、車で乗り入れができるオートフリーになっているので、荷物の出し入れなど、必要な時に欲しいものだけを取り出すことができ、便利。サイトは芝とデッキタイプがあり、少し小さめだが、木製のテーブルとイスが備わっているので、レイアウトを工夫し、上手く利用しよう。シャワー棟、炊事棟、トイレなどの設備も適度な位置に配置されているので使用しやすい。

利用条件

花火

打ち上げ、音の出る花火は禁止。

焚火

ファイヤーサークルで可。

ペット

ごめんなさい。おうちでお留守番してね。

ゴミ

ゴミ箱あり。分別はしっかりと。

家族みんなでテニスを楽しもう。

料金案内

●入場料
高校生以上220円、中学生以下110円
●テントサイト
1区画/1,100円
●ツリーハウス1泊
定員4人1棟/4,400円
ケビンハウス1泊
1棟/9,900円(7人以上は1人につき1,100円加算)
●デイキャンプ
入場料/高校生以上100円、中学生以下50円
ケビンハウス/4,400円(半日は2,200円)

プレイスポット

「チェリリン村」内にはテニス、グラウンドゴルフ場があり、アウトドアスポーツが楽しめる。周辺には観光果樹園があり、初夏はさくらんぼ狩り、夏は桃狩り、秋はりんご、梨、ぶどう狩りなどの受付もしてくれる。また、近くには初心者でも気軽に登山やハイキングを楽しむことができる「名久井岳」がある。

高さ33mの龍神タワーのアスレチックに挑戦！

売店・買い出し・食事

食品の配達サービスがあるので、手ぶらでも、BBQやアヒージョなどアウトドア料理が気軽に楽しめる。食品配達サービスはBBQセット3,050円（2人分）、アヒージョセット2,500円（2人分）など。
＊要予約（平日のみ、利用日の3日前まで）
＊問合せ:TEL0178-51-6141　FAX0178-38-6136(町の駅おらんど館)

レンタル用品

キャンプ用セット6,600円、テント（6人用）1,100円、コンロ（大）1,100円・（小）550円、鉄板（大）330円・（小）110円、網（大）220円・（小）110円など。ほか、キャンプに必要なものは持参しよう。

車で2分のところにある「農林漁業体験実習館チェリウス」（公共の宿）で、日帰り入浴ができる。大人450円、小・中学生150円。

ワンポイントアドバイス

登山をする場合はケガのないよう、運動靴はもちろん、動きやすい服装で挑戦しよう。防寒具や雨具も忘れずに。

Infomation

所在地	青森県南部町大字上名久井字大渋民山地内
利用期間	4月中旬〜10月下旬（要確認）
利用時間	IN15:00 OUT10:00 デイキャンプ9:00〜16:00
休業日	営業期間中は無休
交通	青い森鉄道線諏訪ノ平駅よりタクシーにて約7分
車	八戸自動車道南郷ICより県道42号を名川方面へ約20分
駐車場	あり（200台）無料

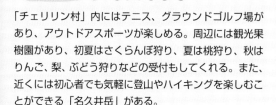

福田温泉

★名川チェリリン村
オートキャンプ場

南郷IC

早掛レイクサイドヒルキャンプ場

アウトドア

はやかけれいくさいどひるきゃんぷじょう

http://www.mutsucci.or.jp/

管理棟　24時間管理　トイレ　シャワー　ランドリー　食事処　売店　自販機　炊事棟　BBQ　夜間照明　ドッグラン　Wifi

サイトプロフィール

サイトはきれいな芝生のフィールドで、駐車スペースはアスファルト舗装されている。サイト間の明確な仕切りはないので、レイアウトを工夫しよう。管理人は24時間常駐する。

予約・問い合わせ

☎0175-23-8686

hayakake-lake@woody.ocn.ne.jp

Telにて9:00～19:00(平日・日曜)

▲オートサイトは約80㎡、キャンピングカー専用サイトもある。

▲人気のケビンハウス。

▲キングコングが待っているよ。

総サイト数	36	
オートキャンプサイト	AC電源あり	17区画
	AC電源なし	17区画
テントサイト	なし	
キャンピングカーサイト	AC電源あり2区画	
その他	ケビンハウス3棟	

⛺ オープンデッキのあるログ調のケビンハウスも

　早掛沼公園に隣接するキャンプ場は、下北半島のほぼ中心に位置するむつ市街地から車で約5分のところにありながら、ホタルの棲息地もあり本格的なアウトドアライフを楽しむことが出来る。サイトは舗装された駐車場の脇にあり、大きめの炊事場は利用しやすく、かまどやイス・テーブルが設置されて雨天でもバーベキューが楽しめる。

　管理棟にはコインシャワーやコインランドリーに自販機などがありまた、近くには大型スーパーもあって長期滞在にも適している。24時間常駐の管理人により整備は行き届き、場内のトイレは全てウォシュレットが完備され快適なキャンプを楽しめる。充実した設備でオープンデッキのあるケビンハウスは家族連れに人気だ。

利用条件

花火

OK。打ち上げ、音の出る花火は禁止。

焚火

ファイヤーサークルにて可。

ペット

事前に申し出ること。マナーを守ろう

ゴミ

ゴミ捨て場あり。きれいに使おう

料金案内

●入場料
無料
＊但し日帰り（9:00〜17:00）利用の場合1人
110円
●サイトオートキャンプ
車1台・テント、タープ1張ずつ
電源あり1区画/2,300円
電源なし1区画/1,730円
●ケビンハウス
1泊・4人1棟/11,510円
＊5人以上は1人につき1,150円ずつ追加

子どもたちが遊べる遊具も設置されている。

サイトでBBQを味わうデイキャンプも人気。

プレイスポット

キャンプ場は国定公園下北半島の観光には最適な場所にある。恐山・薬研渓流・仏ヶ浦・尻屋崎（寒立馬）・大間崎（マグロ一本釣り）など、沢山の自然豊かな景勝地や温泉のある本州の最北端の地を、ゆっくり巡ってみよう。

売店・買い出し・食事

キャンプ場内には売店はないので必要なものは持参しよう。買い出しには車で5分ほどの場所にスーパー・コンビニがあり不便はない。食材を持参してBBQやアウトドア料理を楽しもう。

レンタル用品

バーベキューコンロ340円、テント（寝袋4枚付）1,130円などがレンタルできる。必要なものは揃えて、忘れ物がないかチェックしてから出かけよう。

車で約5分のところに「むつグランドホテル」があり、日帰り入浴が可能。中学生以上530円、小学生310円、小学生未満160円（6:00〜22:00）。

ワンポイントアドバイス

バーベキュー設備利用する場合でも、食材と炭、網などは持参しよう。シャワーやランドリーなどコイン式なので、100円玉を多めに持参しよう。

Infomation

所在地	青森県むつ市田名部字小平舘の内尻釜 45-18
利用期間	4月28日〜10月31日
利用時間	IN14:00　OUT10:00
	デイキャンプ 9:00 〜 17:00
休業日	営業期間中無休
交通	JR 下北駅よりタクシーで約 12 分
車	東北自動車道青森ICより国道4・279号をむつ市方面へ約120分
駐車場	あり（50台）無料

早掛
レイクサイドヒル ★
キャンプ場
コンビニ
第一田名部小
合同庁舎
新田名部川
338
279
下北駅

三沢オートキャンプ場

みさわおーときゃんぷじょう

アウトドア

http:// kite-misawa.com/camp/

 管理棟
 24時間管理
 トイレ
 シャワー
 ランドリー
 食事処
 売店
 自販機
 炊事棟
 BBQ
 夜間照明
 ドッグラン
 Wifi

サイトプロフィール

オートキャンプサイトの広さは電源ありサイト、電源なしサイト約8m×8m。キャンピングカーサイトは8m×16m。サイトは芝生。ペグはプラスチックからOK。

予約・問い合わせ

☎**0176-59-3311**

Tellにて2ヵ月前の1日〜当日まで
受付8:30〜17:00
＊デイキャンプは事前予約不可

▲オートキャンプサイトの広さは約8m×8m。

▲東北有数の広さを誇るキャンプ場。

▲管理棟。

総サイト数	105	
オートキャンプサイト	AC電源あり	60区画
	AC電源なし	35区画
テントサイト	なし	
キャンピングカーサイト	AC電源あり10区画	
その他	なし	

🏕 自然豊かな小川原湖畔にある設備が整ったキャンプ場

　下北半島や北海道へ渡る中継点としてもおすすめ。芝のサイトはきれいに整備され、炊事場・温水シャワー・障害者用トイレ・コインランドリーなどの設備も充実しているので、初心者やファミリーも安心して楽しむことができる。場内が広いのでレンタルサイクル（1日1台210円）があるのも嬉しい。目の前に湖の景色が広がる場内は気持ちがよく、八甲田連峰に沈む美しい夕日は必見！夏場は、無料駐車場が整った湖水浴場もオープンする。　車で15分圏内に県立航空科学館、寺山修司記念館、歴史民俗資料館、道の駅みさわ斗南藩記念観光村などの観光スポットもあり。

利用条件

花火

OK。打ち上げ禁止。手持ちのみ。

焚火

OK。器具使用にて可。

ペット

OK。マナーを守ろう。

ゴミ

あり。専用ゴミ置き場あり。

子どもたちが元気に
遊べる遊具もある。

場内を流れる
小川で遊ぼう！

プレイスポット

場内を流れる小川では、ザリガニや沼エビなどの生き物探しに親子で熱中。サッカーが楽しめるほどの広大な芝生や子ども用の遊具も複数あるので、思いっきり体を動かして遊んじゃおう。夏場には小川原湖の湖水浴場もオープン。家族連れで賑わい、シジミ貝採り目的のグループも。隣接する三沢市民の森総合運動公園には、各種競技場やテニスコート等も備える。

売店・買い出し・食事

場内に売店や食事処はないので、必要なものはしっかりと準備をしていこう。

レンタル用品

テント(4～6人用)3,000円・タープ(4～6人用)4,000円ほか、キャンプ用品全般のレンタルあり(要予約)。

車で3分ほどのところに三沢市民の森温泉浴場がある。料金は、大人220円、中学生110円。営業時間は、9：30～21：00。毎月第3月曜日と年末年始は休業。

ワンポイントアドバイス

BBQはエリアを特に設けていないが、用具の持ち込みでサイト内も可。21：00～翌朝7：00まで、ゲートが開かないので注意しよう。

Infomation

所在地	青森県三沢市大字三沢字早稲田 261-4
利用期間	5月～10月
利用時間	IN 13：00 OUT 11：00　デイキャンプ 10：00～15：00
休業日	営業期間中は無休
車	第二みちのく道路三沢十和田下田 IC より空港経由で県道 170 号を約 40 分
駐車場	有(8台)無料

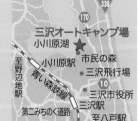

弥生いこいの広場オートキャンプ場

やよいいこいのひろばおーときゃんぷじょう

スポーツ

http://www.hirosakipark.or.jp/yayoi/

 管理棟 24時間管理 トイレ シャワー ランドリー 食事処 売店 自販機 炊事棟 BBQ 夜間照明 ドッグラン Wifi

サイトプロフィール

サイトフィールドは芝生で、ペグはどのタイプでもOK。木がところどころに植えられているが、隣との区切りが明確ではないので、マナーを守りながらサイトレイアウトの工夫をしよう。管理人は24時間常駐となる。

予約・問い合わせ

☎ **0172-96-2117**

Telおよび現地にて随時受付

▲サイトは1区画およそ9m×10mの広さ。

▲ BBQを楽しもう。

▲ポニーに乗ることもできるよ。

総サイト数	30	
オートキャンプサイト	AC電源あり	6区画
	AC電源なし	20区画
テントサイト	なし	
キャンピングカーサイト	AC電源あり4区画	
その他	宿泊施設なし	

🏕 初心者や子連れファミリーでも気軽に利用できる

　岩木山のふもと、津軽平野をはじめ、遠くは八甲田連峰も望む素晴しい景観の中、オートキャンプ場や動物広場、ピクニック広場で、自然に親しみながら思う存分楽しめる。オートキャンプサイトは30区画あり。レンタル用品が充実しているので、初心者でも安心して楽しめるキャンプ場。

　サイト間の区切りは木が数本のみといった感じなので、開放感があり、グループで訪れた際にも使用しやすい。場内にはサニタリー棟が1ヵ所あり、炊事場、トイレ、コインシャワー、コインランドリー、ゴミ集積所などの設備が整っている。

利用条件

花火

手持ちのみ。場所限定にて可

焚火

器具使用にてOK。
芝を傷めないこと

ペット

条件付きだが、同伴OK

ゴミ

分別してサニタリー棟へ

ピクニック広場で
のびのび過ごそう。

料金案内

●入場料
無料
●オートキャンプサイト
車1台・テント、タープ1張ずつ
1区画/3,140円
電源1kwにつき310円
●キャンピングカーサイト
1区画/3,140円
電源1kw につき300円
●デイキャンプ
車1 台・10 人まで
1区画/1,570 円
電源1kwにつき100 円

プレイスポット

かわいいペンギン
にも会えるよ。

　動物広場では、シロクジャクやラマ、プレーリードッグなど、かわいい動物たちが待っている。ポニー乗馬や、ヤギ、ウサギ、モルモットとのふれあいも楽しもう。ピクニック広場には芝生が広がり、ボールやバドミントン、家族で虫採りなどのアウトドアを満喫し、自然の中で楽しめる。

売店・買い出し・食事

敷地内にある売店では、調味料、動物のぬいぐるみやお土産、炭などを販売している。食事は無料休憩や売店のある「ハイランドハウス」の食堂で。最寄りのお店は、コンビニや生鮮食品を販売するスーパーが車で10分ほどのところにある。必要なものは事前に準備し、買い出してから出かけよう。

レンタル用品

テント1,570円〜、バイザーシェード1,500円、毛布210円、炊事具520円、BBQ コンロ2,000円〜、テーブルセット1,040円など。

車で10〜20分ほどのところに、百沢温泉郷や嶽温泉郷などの温泉街があり、公衆浴場もある。キャンプ場に向かう途中、いくつか看板がある。

ワンポイントアドバイス

朝夕は涼しいので、上着を一枚多めに準備していくことをおすすめしたい。

Infomation

所在地	青森県弘前市百沢字東岩木山 2480-1
利用期間	4月下旬〜 10月末日
利用時間	IN11:00　OUT10:00
	デイキャンプ 11:00 〜 16:30
休業日	営業期間中無休（動物広場は月曜日休）
車	東北自動車道大鰐弘前 IC より国道７号を弘前方面、アップルロードを岩木山・鰺ヶ沢方面へ約 40 分
駐車場	あり（250 台）無料

板柳町1
30
●岩木山　●弘前第二養護学校
★ 弥生いこいの広場
　オートキャンプ場
岩木山神社
1
3
岩木庁舎
鰺ヶ沢

つがる地球村

つがるちきゅうむら
スポーツ
http://www.chikyuumura.co.jp/

| 管理棟 | 24時間管理 | トイレ | シャワー | ランドリー | 食事処 | 売店 | 自販機 | 炊事棟 | BBQ | 夜間照明 | ドッグラン | Wifi |

サイトプロフィール

サイトは A ～ E にエリア分けされ、C・D・E のゾーンはペット OK。B ゾーンの中心には菜園があり自由に採取ができる。フィールドは芝生で、駐車スペースは舗装。管理人は24時間常駐。

▲広々と使用できるオートキャンプサイト。眺めの良いトレーラー専用のサイトもあり。

予約・問い合わせ

☎0173-26-2855

Telにて1年前～当日まで
受付7:00～19:00

▲爽やかな高原でファミリーテニスを楽しもう。

▲雄大な岩木山の展望が楽しめる。

総サイト数	109	
オートキャンプサイト	AC電源あり	19区画
	AC電源なし	83区画
テントサイト	なし	
キャンピングカーサイト	トレーラーサイト7区画	
その他	なし	

🏕 小さな子ども連れにもおすすめのアウトドアフィールド

　寛ぎの国、感動の国、アウトドアの国、スポーツの国、遊びの国と、それぞれの違った魅力の5つの国で、あれもこれも楽しめる滞在型のリゾート施設。岩木山を一望できる絶好のロケーションが楽しめるオートキャンプ場は、アウトドアの国にあり、109サイトを完備する広大さだ。

　サイトは、AC電源付きもあり、テントとタープをゆったり張ることができるほど、広々と使用できる。また、トレーラー専用のサイト（2区画AC電源付き）があるのも、本格的なキャンパーには嬉しいところだ。炊事場やシャワーなどの設備も完備されており、ブランコやすべり台、ジャングルジムなどの遊具も設置されている。

利用条件

花火
敷地内での花火は禁止

焚火
焚火台を使用すれば OK

ペット
リード必須。マナーを守ろう

ゴミ
分別して
ゴミステーションへ

思いっきり遊べる「チャイルド・ウッズ（無料）」。

炊事場、シャワー、ランドリー、トイレなどの施設棟。

プレイスポット

スリル満点のスライダーが楽しめる「チャイルド・ウッズ（無料）」をはじめ、施設内には、パターゴルフやテニス、バスケットボールなどのスポーツ施設（有料、道具のレンタルあり）や、子ども用の遊具、変り種自転車（有料）などがあり、遊びどころは満載。爽やかな高原の風に包まれながら思いっきり遊ぼう！

売店・買い出し・食事

敷地内にある売店では、お土産品やお菓子などを販売している。食事は「森のレストラン ライアン」で、旬の食材を使用した和・洋食を味わうことができる。また、朝食と夕食も、予約をすれば用意してもらえる。最寄りのお店は、車で5分ほどのところにスーパーがあり、買い出しなどには便利。

レンタル用品

レンタル品は特にないので、必要な物は全て持参しよう。忘れ物が無いようしっかり準備してから出かけよう。

ワンポイントアドバイス

オートキャンプ場利用者は、ナスやトマト、キュウリなど自家製栽培の野菜・果物を自由に収穫できる。採れたての野菜をバーベキューで味わおう。

湯

敷地内に、木の香漂う大浴場と、露天風呂が楽しめるつがる地球村温泉「藤山邸」がある。利用時間は6:00～22:00。料金は大人450円、小人150円。※出力費60円

Infomation

所在地	青森県つがる市森田町床舞藤山244
利用期間	4月下旬～11月上旬
利用時間	IN13:00　OUT11:00 デイキャンプ可
休業日	営業期間中無休
交通	JR陸奥森田駅よりタクシーにて約5分
車	東北自動車道浪岡ICより国道101号を鰺ヶ沢方面へ約40分
駐車場	あり（30台）無料

モヤヒルズ

もやひるず

スポーツ

http://www.moyahills.jp/

管理棟	24時間管理	トイレ	シャワー	ランドリー	食事処	売店	自販機	炊事棟	BBQ	夜間照明	ドッグラン	Wifi

サイトプロフィール

芝生のサイトはきれいに整備され、駐車場はアスファルト舗装がされている。眺めがよく、敷地内に温泉があるのも便利なポイント。管理人は24時間常駐している。

予約・問い合わせ

☎ **017-764-1110**

Tellにて3ヵ月前の1日より
受付9:00〜17:00

▲オートキャンプのサイのサイズは8m×10m。

▲山々に囲まれ見晴らしの良いサイト。

▲様々な設備が整ったヒルズクラブ。

総サイト数	145	
オートキャンプサイト	AC電源あり	105区画
	AC電源なし	なし
テントサイト	フリーサイト40張	
キャンピングカーサイト	専用区画はないがフリーサイトにて可	
その他	ケビンハウス6棟8室	

🏕 青森市内を一望できる広大なキャンプ場

センターハウス「ヒルズクラブ」を中心に、自然を生かしたアウトドアリゾート空間が広がっている。グリーンシーズンはキャンプ、ウインターシーズンはスキーと、1年中遊ぶことができる。キャンプは、ヒルズクラブで受付を済ませ、ケビンハウスの間を抜けた先にサイトがある。AC電源の付いたオートキャンプサイトと、電源はないが、設営が自由なフリーサイトがあるので、目的に合わせ、お好みのスタイルで選ぼう。また、設備の整ったサニタリーや食事の施設もあり、快適度も高い。但し、敷地が広いため車での移動が必要になる場合もある。ほか、わんちゃん連れには嬉しい設備も充実。

利用条件

花火
敷地内での花火は禁止。

焚火
OK。但し直火は禁止。

ペット
同伴OK。マナーは守ろう。

ゴミ
分別して指定のゴミ箱へ。

緑の中を走り抜ける
ヒルズサンダー。

プレイスポット

　総延長 1,546m のロングコースを滑り降りるローラーリュージュ「ヒルズサンダー」は、スポーツ感覚で大人から子どもまで楽しめる。国内最大級のコースでスリリングな滑りを楽しもう。ほか、ウォールクライミング、テニス、アスレチック遊具も充実。そば打ち体験教室やこけしの絵付け、ストーンペイントの体験コーナーもある。

売店・買い出し・食事

敷地内にある「ヒルズクラブ」に、売店、レストラン、バーベキューガーデンなどがある。木炭やお菓子などを購入できるが、キャンプ場から少し離れているので、必要なものは最初に購入しておくと便利。最寄りのお店は、車で10分ほどのところにコンビニがある。

レンタル用品

ドームテント1,500円、寝袋800円、マット300円など。
※ 2020年時点はコロナ感染防止のため、レンタル用品は中止。
　詳細はホームページで確認。

わんちゃん歓迎のキャンプ場。ドッグフェスなども行われる。

車で10分のところに「かっぱの湯」（5:00〜23:00）あるので入浴はそこがおすすめ。「ヒルズクラブ」2Fにはスパ（プール・サウナ）が7〜9月の土日祝のみオープン。

ワンポイントアドバイス

シーズンごとに、年間を通して様々なイベントが開催される。詳細は問い合わせか、HP でチェックしてみよう。

Infomation

所在地	青森県青森市雲谷字梨野木 63
利用期間	4月下旬〜 10月下旬
利用時間	IN14:00　OUT10:00
	デイキャンプ 9:00 〜 17:00
休業日	営業期間中無休
交通	JR 青森駅より市営または J R バス＜モヤヒルズ行き＞終点下車
車	東北自動車道青森中央 I C より国道 7 号を八甲田山方面へ約 20 分
駐車場	あり（約 1,000 台）無料

浅虫
青森道
青森中央IC
弘前市
青森市
月見野森林公園
青森公立大
雲谷温泉
青森CC
モヤヒルズ ★
八甲田山麓

鯵ヶ沢キャンピングパーク （長平青少年旅行村）

あじがさわきゃんぴんぐぱーく（ながだいせいしょうねんりょこうそん）
http://ajicamp.web.fc2.com/

スポーツ

| 管理棟 | 24時間管理 | トイレ | シャワー | ランドリー | 食事処 | 売店 | 自販機 | 炊事棟 | BBQ | 夜間照明 | ドッグラン | Wifi |

サイトプロフィール

オートキャンプ・フリーサイトともにフィールドは芝生（駐車場は舗装されている）。ペグはプラスチックをはじめ、どのタイプでもOK。管理人は24時間常駐している。

予約・問い合わせ

☎**0173-72-1571**

Telにて1年前〜当日まで。
受付8:00〜17:00

▲個別サイト、広場サイトともに、サイトのサイズは10m×10m。

▲個別サイト

▲バーベキューを楽しもう。

総サイト数	40	
オートキャンプサイト	AC電源あり	16区画
	AC電源なし	24区画
テントサイト	なし	
キャンピングカーサイト	専用区画はないがオートキャンプサイトで可	
その他	宿泊施設 55棟	

岩木山麓の長平高原に広がる旅行村

　東京ドーム約8個分の広大な敷地の中で、大自然を満喫しながら楽しめるアウトドア施設だ。キャンプ場は、ひとつひとつのサイトが広く、よく整備されたオートキャンプサイトと、車は乗り入れできないが、自由に設営ができるフリーサイトが用意されている。サニタリー棟には、炊事場やコインシャワー、ランドリー、トイレが備わっている。

　6人まで収容できる木造2階建てログハウスは、冷蔵庫や炊飯器、調理器具、食器、ベッド、風呂（シャワー付）、水洗トイレ、暖房器具などが完備されている。11月〜4月は、利用料が割り増しになるので予約時に確認しよう。

利用条件

花火
敷地内での花火は禁止。

焚火
器具使用にてOK。
芝を傷めないこと。

ペット
無料ドッグランあり。

ゴミ
資源ゴミは持ち帰ろう。

小さな子ども達が遊べる広場もある。

料金案内

●入村料
大人500円/小・中学生250円/3歳以上100円
●オートキャンプサイト
1区画/3,700円
●その他
ログハウス・コテージ1泊4〜6人/1棟13,500円〜19,700円
●デイキャンプ
1区画/1,800円

石窯で焼き上げる本格ピザ作りに挑戦。

プレイスポット

　石釜で焼き上げるピザ作りといったアウトドアにぴったりの体験プランが用意されている（要予約）。無料のドッグランがあり、わんちゃんも大満足。

売店・買い出し・食事

敷地内に売店はないが、受付で木炭や薪などを販売している。食事は全て自炊となるので、アウトドア料理を楽しもう。最寄りのお店は、車で20分ほどかかるので、食材など必要なものは事前に準備をし、全て持参することをおすすめしたい。

レンタル用品

毛布1枚300円、炊事用具1品100円、コンロ1台600円、鉄板1枚400円、金網1枚300円。ほか、必要なものは持参しよう。

車で20分ほどのところに、露天風呂とサウナのある鰺ヶ沢温泉「水軍の宿」の大浴場で日帰り入浴ができる。営業時間は8:00〜22:00。

ワンポイントアドバイス

車で海水浴場まで20分、スキー場まで5分。キャンプ場を拠点に、鰺ヶ沢の自然を満喫できる。体験プランに参加する場合は、事前に予約をしておこう。

Infomation

所在地	青森県西津軽郡鰺ヶ沢町大字長平町字甲音羽山65
利用期間	5月1日〜10月31日
利用時間	IN11:00　OUT10:00 デイキャンプ11:00〜17:00
休業日	営業期間中無休
交通	JR鰺ヶ沢駅よりタクシーにて約20分
車	東北自動車道大鰐弘前ICより 県道3号から30号を鰺ヶ沢方面へ約60分
駐車場	あり（200台）無料

体験

間木ノ平グリーンパーク

まぎのたいぐりーんぱーく

http://www.marumarushingo.com/

管理棟	24時間管理	トイレ	シャワー	ランドリー	食事処	売店	自販機	炊事棟	BBQ	夜間照明	ドッグラン	Wifi

サイトプロフィール

オートキャンプサイトのフィールドは芝生と土。サイト間には木々が立ち適度なプライベート感が保てる。管理人は8:00〜17:00の時間駐在となり、夜間は不在になる。

▲サイトのサイズは約6m×10m。

予約・問い合わせ

☎**0178-78-3333**

Tellにて4月1日〜当日まで受付

▲グラウンドゴルフの様子。

▲ウィンナー作り体験の様子。

総サイト数	28	
オートキャンプサイト	AC電源あり	なし
	AC電源なし	28区画
テントサイト	なし	
キャンピングカーサイト	専用区画はないがフリーサイトにて可	
その他	バンガロー8棟	

⛺ お好みスタイルで自由に過ごせる滞在型レジャースポット

標高350m、豊かな自然に囲まれた高原には、キャンプ場をはじめ、ゴーカートやテニス、ローラースケートなどのプレイスポットや、牧場ならではの体験プラン、道の駅でのショッピングなど、家族で楽しめる施設が揃っている。第1オートキャンプ場は、自由にテントやタープが設営できるオートフリーサイト。炊事場や水洗トイレ、温水シャワー、洗濯機などを完備した管理棟が近くにあるので便利だ。

利用条件

花火
打ち上げ禁止。手持ちのみ

焚火
器具使用にてOK。
芝を傷めないこと

ペット
小・中型犬はOK。リードにつなぐこと

ゴミ
分別して管理棟へ

料金案内

- ●入場料
  無料
- ●オートキャンプサイト
  1区画/2,000 円～3,600 円
- ●バンガロー
  1泊1棟/3,000 円～3,500 円
- ●デイキャンプ
  1区画/1,000 円～2,000 円

ふれあい川で魚のつかみ取りにチャレンジ！

ポニー乗馬も体験できるよ！

プレイスポット

　「ふれあい牧場」では、牛の乳しぼり（無料）、ポニーの乗馬（有料）などの体験プランが充実。テニスやローラースケート、ゴーカートが楽しめるほか、川魚のつかみ獲りやグラウンドゴルフもできる（有料）。道の駅「しんごう」で、買い物を楽しむのもいい。

売店・買い出し・食事

敷地内にある「地場産品直売センター」では、日用品やお菓子、ジュース、地場産野菜などを販売。「ミルク＆ハム工房」では飲むヨーグルトなどが購入できる。食事はラーメンやご飯ものなどのメニューが充実した「とちのき荘」やバーベキューが楽しめる「ハーブガーデン フラワーベール」が場内にある。最寄りのお店は、車で約15分のところにミニスーパーがある。

レンタル用品

バーベキューコンロなどがレンタルできる。

車で15分ほどのところに、大鷲が標した伝説の湯「新郷温泉館」がある。露天風呂やサウナも完備された癒しの湯でのんびりと寛ごう。

ワンポイントアドバイス

車で10分のところに「キリストの里公園」がある。村に残る伝説の地を巡ってみるのもいい。

Infomation

所在地	青森県三戸郡新郷村大字戸来字雨池 11-2
利用期間	4月下旬～11月上旬
利用時間	IN12:00　OUT10:00 デイキャンプ 9:00 ～ 17:00
休業日	火・水・木曜日（夏休み期間中は無休）
交通	JR八戸駅よりタクシーにて約60分
車	八戸自動車道八戸ICより国道454号を十和田湖方面へ約60分
駐車場	あり（約60台）無料

十三湖中の島ブリッジパーク

じゅうさんこなかのしまぶりっじぱーく

水あそび

http://www.city.goshogawara.lg.jp/16_kanko/nakanoshima/

管理棟　24時間管理　トイレ　シャワー　ランドリー　食事処　売店　自販機　炊事棟　BBQ　夜間照明　ドッグラン　Wifi

サイトプロフィール

オートサイト区画サイズはテント1張（4〜6人）と、タープ1張が余裕をもって張れる広さ。水道が設置してあり、芝で、ペグは比較的打ちやすい。管理人は24時間常駐。

予約・問い合わせ

☎ **0173-62-2775**

受付　8:30〜17:00

▲野外炊事場、水洗トイレ等が完備されたキャンプサイト。

▲ヒバ材をふんだんに使ったケビンハウス。

▲安東船をモチーフにした遊具。

総サイト数	30
オートキャンプサイト	なし
テントサイト	AC電源なし30区画
キャンピングカーサイト	なし
その他	宿泊施設10棟

あふれるほどの豊かな自然が心と体に元気を与えてくれる

全長250メートルの遊歩道橋を渡ると十三湖に浮かぶ「中の島ブリッジパーク」に到着。歩行者用に見えるが、宿泊者は車での進入が可能。看板に従って進み、まずは「地域活性化センター」で受付を。

この島には、いろんな発見と手作りの楽しさがいっぱい。湖を眺めながら遊べるゴーカート場やアスレチック遊具、歴史民俗資料館などの文化施設もあり、総合的なレジャーが楽しめる。毎年「しじみ拾い」も可能（2021年2月現在は未定。要問い合わせ）。小さな島を周って探検するのもいい。十三湖の四季の中で、都会が忘れている生命の感動を体験しよう。

利用条件

花火
OK。後始末はしっかりと。

焚火
NG。残念ながらできません。

ペット
条件付きでOK。問い合わせを。

ゴミ
分別して指定場所へ。

ゴーカートも
あるよ！

料金案内

●入場料
無料
●テントサイト
テント・タープ1張/1,000円
●ケビンハウス 1泊4人・6人まで
1棟/12,500円〜15,000円
＊定員超え1人につき1,250円加算
●デイキャンプ
テント1張/500円（ケビンハウスは宿泊のみ）
●しじみ拾い
小学生以上袋1枚/400円
●ゴーカート
1回/100円

プレイスポット

　十三湖は青森県で3番目の大きさを誇り、海水と淡水が入り混じった汽水湖で、しじみ漁が盛んな場所。しじみ拾いや遊具での遊びはもちろん、地域活性化センター内の歴史民俗資料館（9:00〜16:00/一般310円　大学生220円　高校生以下無料）では旧市浦村の歴史の紹介や史遺跡がひと目でわかる地形模型のほか、十三湊遺跡からの出土品や写真パネルなどを展示。

毎年4月下旬から10月上旬までしじみ拾いができる（9:00〜15:00）。

売店・買い出し・食事

施設内に売店や食事処はなし。遊歩道橋手前の駐車場に出店がある。最寄りのコンビニまでは車で15分ほどかかるので、必要なものはしっかり揃えておこう。

レンタル用品

毛布1枚（1泊2日）600円、BBQコンロ（4人用/木炭3kg付き/申し込みは前日の正午まで）1,000円。

車で15分ほどのところにウエルネスセンターしゃりき温泉あり。営業時間は8:00〜21:00、月曜日休業（祝日は営業）。大人320円・小人150円。

ワンポイントアドバイス

施設内の駐車場は宿泊者のみなので、日帰りの利用者は、五月女萢（そとめやち）市営駐車場を利用しよう。

Infomation

所在地	**青森県五所川原市十三土佐 1-298**
利用期間	4月下旬〜11月下旬
利用時間	IN15:00　OUT10:00 デイキャンプ 10:00〜17:00
休業日	営業期間中無休
交通	JR五所川原駅より弘南バス十三湖経由小泊行きで70分、中の島公園入口下車徒歩5分
車	東北自動車道浪岡ICより国道339号経由で約70分
駐車場	あり（20台）無料

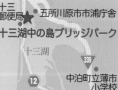

市浦大沼公園
十三郵便局 ★ 五所川原市市浦庁舎
十三湖中の島ブリッジパーク
十三湖
中泊町立薄市小学校
339
12

青森県

平内山夜越山オートキャンプ場

アウトドア

ひらないやまよごしやまおーときゃんぷじょう

http://www.town.hiranai.aomori.jp

予約・問い合わせ

☎**017-755-5812**
017-755-5962（Fax）
TelまたはFaxにて受付

総サイト数		80
オートキャンプサイト	AC電源あり	8区画
	AC電源なし	56区画
テントサイト		なし
キャンピングカーサイト		AC電源あり10区画
その他		ケビンハウス6棟

森林公園内にある自然豊かなキャンプ場

▲入り口にあるセンターハウス。

▲サニタリーハウスのかまど。

料金案内

●入場料
無料
●オートキャンプサイト
1区画3,000円〜4,000円
●キャンピングカーサイト
1区画5,000円
●その他
ケビンハウス1泊・4人まで
1棟14,300円〜16,500円
●デイキャンプ
1区画1,100円〜2,200円

Infomation

所在地	青森県東津軽郡平内町大字浜子字掘替36-1
利用期間	4月中旬〜10月末
利用時間	IN14:00 OUT12:00
休業日	営業期間中は無休
交通	JR 小湊駅よりタクシーで約5分
車	東北自動車道青森東ICより国道4号を平内町方面へ約35分
駐車場	あり（500台）無料

青森県

おだいばオートビレッジ

水あそび

おだいばおーとびれっじ

http://odaiba-autovillage.com/

予約・問い合わせ

☎**0174-31-2211**
Telにて当日まで随時受付

総サイト数		20
オートキャンプサイト	AC電源あり	10区画
	AC電源なし	10区画
テントサイト		なし
キャンピングカーサイト		専用区画はないがオートキャンプサイトで可
その他		コテージ10棟

海と緑の自然を家族で満喫しよう。

▲オートサイトは電源付きとなしが選べる。

料金案内

●入場料
無料
●オートキャンプサイト
車1台/1区画1,500円〜2,500円
●コテージ 1泊
1棟16,000円

◀センターハウスでまずは受付をしよう。

Infomation

所在地	青森県東津軽郡外ヶ浜町字平舘田の沢67-1
利用期間	4月下旬〜10月末
利用時間	IN 11:00 OUT10:00
休業日	営業期間中は無休
車	東北自動車道青森ICより国道280号を三厩方面へ約50分
駐車場	あり（80台）無料

秋田県

なまはげオートキャンプ場 P40

宮沢海岸オートキャンプ場キャンパルわかみ P46

秋田市太平山リゾート公園 P44

北欧の杜公園オートキャンプ場 P42
妖精の森 P52

乳頭キャンプ場 P48

田沢湖オートキャンプ場縄文の森たざわこ P38

岩城オートキャンプ場 P52

ぽよよんの森オートキャンプ場 P50

八峰町
藤里町
大館市
小坂町
能代市
鹿角市
三種町
大潟村
上小阿仁村
北秋田市
八郎潟町
五城目町
井川町
潟上市
男鹿市
仙北市
秋田市
大仙市
美郷町
由利本荘市
横手市
にかほ市
羽後町
湯沢市
東成瀬村

アウトドア

田沢湖オートキャンプ場　縄文の森たざわこ

たざわこおーときゃんぷじょう じょうもんのもりたざわこ
http://joumon2.server-shared.com

管理棟	24時間管理	トイレ	シャワー	ランドリー	食事処	売店	自販機	炊事棟	BBQ	夜間照明	ドッグラン	Wifi

サイトプロフィール

サイトは手入れがされたきれいな芝生で、水はけも良好。サイト間の境界には隔てるものがなく、オープンだが、サイトが広いので気にならないだろう。管理人は24時間常駐する。

予約・問い合わせ

☎**0187-58-0666**

Telにて3ヵ月前〜当日まで受付

▲サイトの平均サイズは10m×10m。人造湖、花山湖に隣接するキャンプ場。

総サイト数	67	
オートキャンプサイト	AC電源あり	なし
	AC電源なし	20張
テントサイト	自由に設営できるオートフリーサイト	
キャンピングカーサイト	AC電源あり　5区画	
その他	宿泊施設　5棟	

▲調理台が設置された炊事場。

▲田沢湖が望める「いぬわしサイト」。

日本一深い神秘的な田沢湖を眺めながらキャンプ

　まずは管理棟で受付を済ませ、ゲートを開けるためのカードキーと電源ボックスの鍵を受け取ろう。場内は、平坦で管理棟を中心に、山側の「いぬわしサイト」と湖岸側の「くにますサイト」に分かれている。両サイトにそれぞれサニタリー棟と炊事棟、ゴミステーションが設置され、管理も行き届いているので、気持ちよく利用できる。洗濯機と乾燥機は4台ずつあり。

　また、縄文人になった気分が味わえる、竪穴式住居のような形をしたバンガローを利用するのも楽しい。但し、炊事場やトイレはないので、「いぬわしサイト」の施設を利用しよう。

利用条件

花火

OK。打ち上げ禁止。手持ちのみ。

焚火

器具使用にてOK。
芝を傷めないこと。

ペット

リード必須。マナーを守ろう。

ゴミ

あり。分別して指定の場所へ。

ジャンボうさぎに
会えるよ！

料金案内

●入場料
大人（高校生以上）500 円
小人（小・中学生）250 円
●オートキャンプサイト　車1台
1区画/4,300円
●テントサイト
オートフリーサイト1張/2,200 円
●キャンピングカーサイト車1 台
1区画/6,400円
●その他
バンガロー 1泊1棟/3,140円
●デイキャンプ
1区画/1,100円～2,100円

プレイスポット

　湖水浴ができる「白浜」まで、キャンプ場から車でわずか 2 ～ 3 分。田沢湖を遊覧船やボートで周遊したり、隣接のハーブガーデン「ハートハーブ」を見学したり、レンタサイクルに乗ったりと、湖のほとりで遊ぼう。夏は場内の東側にある山で昆虫採集や、湖畔をのんびりと散策してみるのもいい。

売店・買い出し・食事

売店では、炭や薪などの燃料系やインスタント食品、アイス、乾電池などを販売。食事の施設は近隣の「湖畔の杜レストラン ORAE」と「ハートハーブ」内にレストラン（昼食のみ）がある。また、車で5分ほどのところにコンビニもあるので、買い忘れがある場合などには便利。

レンタル用品

テント2,000円、タープ1,000円、バーベキューコンロ500円、ガスコンロ500円、キッチンセット500円、毛布150円、銀マット150円、テーブル500円など。

縄文時代を思わせるバンガロー。寝具は別途用意すること。

湯

車で10～15分のところに「田沢湖高原温泉郷」や「乳頭温泉郷」がある。露天風呂から田沢湖が一望できる「アルパこまくさ」もおすすめ。仙北市内で利用できるお得な日帰り入浴券3枚付「湯めぐり手形」を1個1,500円で販売中。家族や友達とシェアしても OK。玉川温泉も利用可。

ワンポイントアドバイス

テントサイト4,300円、キャンピングカーサイト6,400円に宿泊すると、会員券が発行され、次回または連泊の場合、2泊目からサイト料金が約2割引で利用できる。

Infomation

所在地	秋田県仙北市田沢湖字田沢潟前 63-2
利用期間	4 月 25 日～ 11 月 3 日
利用時間	IN14:00 OUT13:00
	デイキャンプ 11:00 ～ 16:00
休業日	営業期間中は無休
交通	JR 田沢湖駅よりタクシーで約 10 分
車	東北自動車道盛岡 IC より国道 46 号を秋田方面へ約 50 分
駐車場	あり（10 台）無料

秋扇湖
194
田沢湖オートキャンプ場
縄文の森たざわこ
★ ●山のはちみつ屋
小先達
田沢湖
341
46
刺巻駅　田沢湖駅

なまはげオートキャンプ場

アウトドア

なまはげおーときゃんぷじょう

http://www.namahage.co.jp

 管理棟
 24時間管理
 トイレ
 シャワー
 ランドリー
 食事処
 売店
 自販機
 炊事棟
 BBQ
 夜間照明
 ドッグラン
Wifi

サイトプロフィール

サイトの足場は芝生で、ペグはどのタイプでもOK。サイト間は、植栽で仕切られているが、気になる場合はレイアウトの工夫を。管理人は24時間常駐となる。

予約・問い合わせ

☎ **0185-22-5030**

Tellにて1月1日〜当日まで
コテージはHPにて2日前まで受付

▲オートキャンプの平均サイズは100㎡、キャンピングカーサイトは140㎡。

▲自然に囲まれて家族でのんびり。

▲落ち着いた雰囲気で過ごせるコテージ。

総サイト数	126	
オートキャンプサイト	AC電源あり	70区画
	AC電源なし	なし
テントサイト	フリーサイト	50張
キャンピングカーサイト	AC電源あり	6区画
その他	コテージ　6棟	

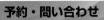

広々としたエリアでのびのびと過ごせるキャンプ場

男鹿半島観光の拠点にも最適。オートサイトは、全サイトに電源が設置され、広さ約10m×10mのゆったりとしたサイズで、テント・タープの設営は余裕を持っての設営が可能。各サイトが隣接しており、サニタリー棟へ向かう通路に面しているので、気になる場合は、プライベートな空間を保つためのレイアウトの工夫をしてみよう。サニタリー棟は、場内に3ヵ所設けられ、炊事場とトイレ、シャワー室が一体となっている。また、センターハウスに、食料品などは置いてないので、必要なものは事前にしっかりと買い物を済ませてから出かけることをおすすめしたい。設備の整ったコテージなどの施設もある。

利用条件

花火
OK。打ち上げ禁止。手持ちのみ。

焚火
器具使用にてOK。
芝を傷めないこと。

ペット
キャンプ場内はOK。コテージは禁止。

ゴミ
あり。分別して指定の場所へ。

ランタンの明かりが幻想的な夕暮れのキャンプサイト。

料金案内

●入場料
大人 (高校生以上) 400 円
小人 (小学生以上) 200 円
●オートキャンプサイト　車1台
1区画/4,180円
●テントサイト
1張/2,140円
●キャンピングカーサイト 車1台
1区画/6,200円
●その他
コテージ1泊1棟/12,600円
●デイキャンプ 車1台
1区画/1,020円～2,140円

プレイスポット

広々とした自然を感じながらゆったりとした時間を過ごそう。周辺には男鹿水族館 GAO や、なまはげ館などの遊びどころもあり、観光の拠点にもいい。また、男鹿半島には釣りのポイントが多数あり、ファミリーフィッシングから、本格的な磯釣りや船釣りまで楽しめる。車で 15 分のところに海水浴場もあり、夏は海で遊べる。

売店・買い出し・食事

敷地内にある売店では、木炭やホワイトガソリン、ランタン用ガス、日用品、氷、アイスなどを販売している。食事はアウトドアクッキングで自炊を楽しむか、「温浴ランドおが」のレストランを利用しよう。買い出しは事前に済ませてから出かけよう。

レンタル用品

テント6人用3,300円、ランタン（ガス付）1,500円、シュラフ500円、テント用下敷きマット500円、延長コード500円、BBQ コンロセット（コンロ・アミ・鉄板付）1,100円など。ほか、キャンプに必要なものは持参しよう。

ラウンジや展望室などがあるセンターハウス。

キャンプ場から徒歩で3分ほどのところに、温浴ランドおが「なまはげのゆっこ」がある。料金は大人400円、小人250円 (9:00 ～ 21:00)。

ワンポイントアドバイス

木陰が少ないので、子どもは忘れずに帽子を持参しよう。また、海でフィッシングをする場合、道具などは準備して行こう。

Infomation

所在地	秋田県男鹿市北浦北浦字平岱山地内
利用期間	4 月 10 日～ 11 月 30 日 ※コテージのみ通年
利用時間	IN14:00　OUT10:00 デイキャンプ 10:00 ～ 16:00
休業日	営業期間中は無休
車	秋田自動車道昭和男鹿半島 IC より国道 101 号、なまはげライン経由約 40 分
駐車場	あり（50 台）無料

日本海
若美
101
なまはげ
オートキャンプ場
男鹿中局
なまはげ館
羽立駅
男鹿総合運動公園
男鹿駅

スポーツ

北欧の杜公園オートキャンプ場

ほくおうのもりこうえんおーときゃんぷじょう
http://www.akisouko.com

 管理棟　 24時間管理　 トイレ　 シャワー　 ランドリー　 食事処　 売店　 自販機　 炊事棟　 BBQ　 夜間照明　 ドッグラン　Wifi

サイトプロフィール

サイトフィールドはすべて芝生。ペグはプラスチックをはじめ、どのタイプでもOKだ。隣のサイトとの距離が離れているので、ゆったりできる。管理人は24時間常駐している。

予約・問い合わせ

☎**0186-78-3300**

Telにて4月1日〜
受付9:00〜17:00

▲オートキャンプサイトのサイズは約100㎡。

総サイト数	32
オートキャンプサイト	32区画
キャンピングカーサイト	4区画
その他	トレーラーハウス4棟

▲キャンパーズロッジ（7:00〜22:00）。　▲トレーラーハウスは定員5人。

北欧の自然を感じる爽やかな公園

　約200haの平坦な敷地には樹木や草花が茂り、青空の下に広がる草地は開放感ある北欧を思わせる雰囲気。そんな素敵な景観を持つ「県立北欧の杜公園」内にあるオートキャンプ場は、遊具のある「わんぱく広場」やテニスコート、レンタサイクル、パークゴルフ場などがあり、子ども連れに人気のキャンプ場だ。オートサイトは、ゆったりサイズで、適度な木立に囲まれ、プライベート感が保てる。仲間やお友だち家族と一緒に楽しみたい場合は、2サイトを合わせたグループサイトがおすすめ。キャンパーズロッジには、ランドリーや温水のコインシャワーなどの設備が揃っている。

利用条件

花火
敷地内ではできません。

焚火
NG。敷地内では禁止。

ペット
リード必須にてOK。
建物内入室禁止。

ゴミ
分別して
ゴミステーションへ。

広々とした草地の
イベント広場。

料金案内

●オートキャンプサイト
車1台・定員6人1区画/4,100円〜4,600円
●キャンピングカーサイト
車1台
1区画/6,800円
●トレーラーハウス
1棟/9,800円〜13,600円
●デイキャンプ
1区画/1,200円〜2,100円

公園内には小さな子
ども達から遊べる遊
具がある。

プレイスポット

公園内には、遊具があるわんぱく広場があり、子ども達におすすめ。パークゴルフ場（大人1回400円〜）やテニスコート（1時間220円）、ディスクゴルフコース（無料）、ドッグラン（無料）などの設備を使用したり、散策コースをウォーキングやレンタサイクル（2時間まで100円〜150円）で楽しむこともできる。

売店・買い出し・食事

売店はなし。食事は園内の軽食「レストラン北欧」を利用してみるのもいい。買い出しは、車で10〜15分のところに、スーパーやホームセンター、ファミレスなどがあり、必要なものは、ほとんど揃えることができる。買い忘れが無いよう再度チェックしてから出かけよう。

レンタル用品

キャンプ用品のレンタルは特にないので、必要なものは全て持参して行こう。忘れ物が無いよう事前確認はしっかりとしておくこと！

車で5〜10分のところに、温泉施設が数軒あるので、そちらを利用するとよい。

ワンポイントアドバイス

炊事場はお湯が出るので、寒い日などの洗い物には便利だ。暑い日は、子ども達の帽子を忘れずに持って行こう。

Infomation

所在地	秋田県北秋田市上杉字中山沢128
利用期間	4月20日〜10月末日 ※年度によって変更あり
利用時間	IN13:00〜17:00 OUT7:00〜11:00（トレーラーハウスは10:00） デイキャンプ 10:00〜16:00
休業日	営業期間中は無休
交通	秋田内陸縦貫鉄道合川駅よりタクシーで約10分
車	秋田道大館能代空港ICより約6km。約7分
駐車場	あり（7台）無料 ※キャンパーズロッジ前

秋田市太平山リゾート公園

水あそび

あきたしたいへいざんりぞーとこうえん

http://www.theboon.net/

管理棟　24時間管理　トイレ　シャワー　ランドリー　食事処　売店　自販機　炊事棟　BBQ　夜間照明　ドッグラン　Wifi

サイトプロフィール

サイトは芝生のフィールドで、駐車スペースは舗装されている。形や広さはサイトによって違うが、ペグはどのタイプでもOK。宿泊者がいる場合、管理人は24時間常駐となる。

予約・問い合わせ

☎018-827-2270

Tellにて2ヵ月前の月の1日〜3日前、
トレーラーハウスは1年前〜
受付8:30〜17:00

▲オートサイトの平均サイズは約13m×10m。

▲クアドーム ザ・ブーンの展望露天風呂温泉。

▲年間を通して利用できるトレーラーハウス。

総サイト数	53	
オートキャンプサイト	AC電源あり	33区画
	AC電源なし	なし
テントサイト	フリーサイト約20張	
キャンピングカーサイト	専用区画はないがオートキャンプサイトで可	
その他	宿泊施設9棟	

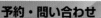

太平山の裾野に広がる「太平山リゾート公園」

　アウトドア施設やスポーツ施設、温泉とプールのレジャー施設「クアドーム ザ・ブーン」があり、幅広い遊びに対応した総合公園。様々な施設を自由に組み合わせて、お好みのスタイルで楽しもう。広大な公園の一画に、ピクニックの森に隣接した東側オートキャンプ場と、総合案内所に隣接している西側オートキャンプ場がある。どちらも、電源や水洗トイレなどが完備され、シャワーを無料で利用できる。共同炊事場はきれいで利用しやすいが、各キャンプ場に1ヵ所しかないので、離れたサイトからは、少し遠く感じるかもしれない。ほか、無料のテントサイトやバンガロー、1年中利用できるトレーラーハウスが5棟ある。

利用条件

花火
打ち上げ禁止。手持ちのみ。

焚火
OK。焚火台などを使用（直火NG）。

ペット
リード必須にて
屋外のみOK。

ゴミ
分別して指定のゴミ箱へ。

子ども大人気！
1年中泳げるプール。

料金案内

●入場料
無料
●オートキャンプサイト
車1台・テント、タープ1張りずつ
1区画 2,155円
●テントサイト
無料
●その他
バンガロー・トレーラーハウス
1泊1棟530円〜11,520円
●デイキャンプ車1台
1区画/1,075円〜

プレイスポット

緑の芝生の上でグラウンド・ゴルフに挑戦。

　6種類のプールとウォータースライダー、25mの屋外プール（夏期営業）を有する「クアドームザ・ブーン」では、一年中水遊びができる。ほか、「ピクニックの森」には、軽スポーツを楽しめる「運動広場」や、芝生で自由に遊べる「子どもの広場」があり、子連れファミリーにおすすめ。テニスやグラウンド・ゴルフも楽しめる。

売店・買い出し・食事

売店では炭3kg550円、着火剤220円、薪500円、紙皿、歯ブラシ、洗剤、サラダ油などを販売。食事は、「ザ・ブーン」内の「レストラン太平」と「木こりの宿」内の「木こり庵」で。最寄りのお店は車で約20分のところにコンビニがある。詳細は事前に要確認。

レンタル用品

リゾート公園総合案内所にて貸し出しを行っている。炊飯ジャー500円、BBQコンロ500円〜、包丁200円・なべ300円、フライパン200円など。

車ですぐの、温泉とプールの施設「クアドームザ・ブーン」で入浴しよう。大人520円、中高生415円、3歳〜小学生310円（10：00〜20：00）。

ワンポイントアドバイス

オートキャンプ場・トレーラーハウスの宿泊利用者はクアドーム ザ・ブーンの利用が大人270円、中高生265円、小学生以下210円とお得に！

Infomation

所在地	秋田県秋田市仁別字小水沢134番地
利用期間	4月中旬〜10月末まで（トレーラーハウスは通年）
利用時間	IN13:00　OUT10:00 デイキャンプ 10:00〜16:00
休業日	営業期間中は無休（ほか、施設により異なる）
交通	JR秋田駅より路線バス ＜仁別リゾート公園行き・12番線乗り場＞で約35分
車	秋田自動車道秋田中央ICより県道232号を仁別方面へ約20分
駐車場	あり（20台）無料

太平山リゾート公園 ★
オートキャンプ場
大滝山
自然公園
山の五代
土崎駅
温泉プラザ
秋田大病院
秋田駅
秋田中央IC
秋田南IC

宮沢海岸オートキャンプ場キャンパルわかみ

みやざわかいがんおーときゃんぷじょうきゃんぱるわかみ

http://www.namahage.co.jp/miyazawa/

水あそび

| 管理棟 | 24時間管理 | トイレ | シャワー | ランドリー | 食事処 | 売店 | 自販機 | 炊事棟 | BBQ | 夜間照明 | ドッグラン | Wifi |

サイトプロフィール

オートサイトは、芝生とウッドデッキ付きのサイトが選べる。フリーサイトは車の乗り入れはできないが自由に設営が可能。夏は日差しが強く、タープがあると便利。管理人は夜間不在。

予約・問い合わせ

☎0185-22-8222

Tellにて3ヵ月前〜前日の17:00まで

▲オートサイトは8m×6m、駐車スペースは3m×5m。

▲サニタリーハウス。

▲海を見下ろす小高い丘にあるコテージ。

総サイト数	108	
オートキャンプサイト	AC電源あり	30区画
	AC電源なし	43区画
テントサイト	フリーサイト30張	
キャンピングカーサイト	AC電源なし5区画	
その他	宿泊施設なし	

🏕 水のきれいなことで知られる宮沢海水浴場

　美しい砂浜と遠浅の海は、シーズン中は多くの若者やファミリーで賑わう。隣接したオートキャン場は、緑に囲まれながら、雄大な日本海を眺められる、とっておきの場所。オートサイトは芝生とウッドデッキのサイトがあり、どちらも電源付きまたは無しかをチョイスできる。自由に設営ができるフリーサイトや、オートサイト同様デッキがあるキャンピングカーサイトも完備。また、海岸を見下ろす小高い丘に冷暖房完備のコテージ村もある。キャンプ場のすぐ後ろには、温泉施設「夕陽温泉WAO」があるので便利。ほか、サニタリーハウスが2棟あり、炊事場やランドリー、無料の水シャワーなどの設備が整っている。

利用条件

花火
敷地内ではできません。

焚火
NG。残念ですができません。

ペット
ごめんなさい。おうちでお留守番してね。

ゴミ
指定ゴミ袋に入れて捨てよう。

夕日を眺めながら寛げる「夕陽温泉　WAO」。

プレイスポット

　遊びのメインはマリンレジャー。遠浅の宮沢海岸海水浴場に隣接しているので、海水浴やサーフィンなどが楽しめる。7月上旬から下旬にかけて、「夕陽フェスティバル」が開催され、なまはげ太鼓、ヤートセ踊り、ジェットスキー遊覧など楽しい時間が過ごせる。日本海に沈む夕陽と、満天の星空を楽しもう。

売店・買い出し・食事

買い出しのお店は、車で約15分のところに生鮮食料品を購入できるスーパーがある。必要なものは買い忘れのないように。

レンタル用品

シュラフ500円、ガスランタン400円（ガス付1,000円）。事前の準備をしっかりして、必要なものは持参しよう。

潮騒を聞きながら緑の自然を満喫できる施設。

隣接した日帰り温泉「夕陽温泉 WAO」では、全身浴や気泡浴、圧注浴、露天風呂など7種類のお風呂が楽しめる。中学生以上500円、小学生250円。

ワンポイントアドバイス

ウッドデッキサイトとキャンピングカーサイトに限り、ペグの貸し出しあり。入浴施設が隣接しているので、子連れファミリーには利用しやすい。

Infomation

所在地	秋田県男鹿市野石字大場沢下1-78
利用期間	4月20日〜10月31日
利用時間	IN14:00 OUT10:00 デイキャンプ 10:00〜16:00
休業日	営業期間中は無休
交通	JR男鹿線船越駅より秋田中央交通バス＜五明行き＞宮沢海水浴場入口下車徒歩5分
車	秋田自動車道昭和男鹿半島ICより国道101号を能代方面へ約60分
駐車場	あり（40台）無料

若美温泉　国道7号
日本海　★宮沢海岸オートキャンプ場キャンパルわかみ
野石小　大潟村役場
101　博物館
54
潟西中
若美庁舎

乳頭キャンプ場

体験

にゅうとうきゃんぷじょう

http://www.qkamura.or.jp/nyuto/

管理棟　24時間管理　トイレ　シャワー　ランドリー　食事処　売店　自販機　炊事棟　BBQ　夜間照明　ドッグラン　Wifi

サイトプロフィール

オートサイトのフィールドは土や砂地。AC電源付きのオートサイトやキャンピングカーサイトは芝生。管理人の駐在時間は8:00～17:00（繁忙期のみ）。

予約・問い合わせ

☎**0187-46-2244**

Tellにて6ヵ月前～当日まで
HPにて6ヵ月前～当日まで

▲オートキャンプ場サイトのサイズは約7m×10m、その他のサイズもある。

総サイト数	43	
オートキャンプサイト	AC電源あり	25区画
	AC電源なし	18区画
テントサイト	なし	
キャンピングカーサイト	AC電源あり4区画	
その他	宿泊施設なし	

▲きれいに整備された場内でゆったり過ごそう。

▲自由なレイアウトでお気に入りの空間を作ろう。

ブナ純林に囲まれた秘湯で癒されよう

標高約800m、乳頭温泉の入り口に位置する「休暇村 乳頭温泉郷」。キャンプ場は、ブナの木々に囲まれ、豊かな自然が満喫できるアウトドアフィールドだ。きれいに区画整備されたオートキャンプサイトや昔ながらの雰囲気を残した林間サイトなどがあり、スタイルにあったサイト選びができる。サニタリー棟と炊事棟が各1棟、トイレ棟は4棟あり、よく管理されているので利用しやすい。また、休暇村からブナ林のトンネルを抜け、空吹湿原までのコースを散策したり、乳頭温泉郷の湯めぐりをするのもいい。キャンプ場周辺では、さまざまな大自然の恩恵が受けられるので、自然をまるごと楽しんでみよう

利用条件

花火
打ち上げ禁止。手持ちのみ

焚火
器具使用で、一部のみ

ペット
小・中型犬のみ。
マナーを守ろう

ゴミ
分別して指定場所へ

手ぶらで楽しめる
プランもあり。

 プレイスポット

　毎朝周辺のハイキングコースを、スタッフが案内してくれる自然観察会が開催される。朝の清々しい空気の中を歩いてみよう（所要時間は30分ほど）。また、カブトムシやクワガタムシなどの昆虫採集や、近くを流れる2つの川で、イワナ釣りができる。

売店・買い出し・食事

敷地内にある売店で、ガスやホワイトガソリン、炭、薪、お菓子、飲み物、日用品などを販売している。食事はアウトドア料理を楽しむか、本館にある施設を利用しよう。最寄りのお店は周辺にないので、必要なものは準備して行こう。

レンタル用品

タープ1,000円、シュラフ500円、毛布200円、食器100円〜300円などがレンタルできる。レンタル用品については事前確認。

疲れを癒せる本館内
にある自慢の温泉。

大浴場と露天風呂がある本館内の温泉が利用できる。シャンプー、リンスなども備わっている。大人600円、4歳以上300円（11:00〜17:00）。

ワンポイントアドバイス

手ぶらでキャンプが楽しめるプランもあるので初心者でも利用しやすい。詳細はHPまたは問い合わせてみよう。ほか、レンタル品も充実しているので安心だ。

Infomation

所在地	秋田県仙北市田沢湖駒ヶ岳2-1
利用期間	6月上旬〜10月下旬（予定）
利用時間	IN13:00 OUT11:00 デイキャンプ 11:00〜17:00
休業日	営業期間中は無休
交通	JR田沢湖駅より乳頭温泉行きで鶴の湯旧道口下車徒歩5分
車	東北自動車道盛岡ICより国道46号を秋田・田沢湖方面へ約60分
駐車場	あり（50台）無料

体験

ぽよよんの森オートキャンプ場

ぽよよんのもりおーときゃんぷじょう

http://www.higashinaruse.com/kanko_shisetu/poyoyon/

 管理棟 24時間管理 トイレ シャワー ランドリー 食事処 売店 自販機 炊事棟 BBQ 夜間照明 ドッグラン   Wifi

サイトプロフィール

サイトは敷砂、テント用デッキ、ブロック敷と3種類のサイトがあるので、お好みで選ぼう。通路と駐車場は砂利で、ペグはサイトにあったものを持参しよう。管理人は夜不在になる。

▲見晴らし台からの眺めは非日常感が味わえる。オートサイトの平均サイズは 10m × 10m。

予約・問い合わせ

☎ **0182-47-5555**

Tel、Fax、HPにて
2ヵ月前〜当日まで受付

▲木立の中にあるバンガロー。

▲夏の夜はホタルが見られることもある。

総サイト数	55	
オートキャンプサイト	AC電源あり	15区画
	AC電源なし	35区画
テントサイト	なし	
キャンピングカーサイト	AC電源あり5区画	
その他	バンガロー5棟	

川遊びでアウトドアの醍醐味を満喫しよう

　成瀬川沿いに位置し、ブナやナラなどの木々に囲まれ、自然を存分に満喫できるキャンプ場。サイトは通路両側の木立の中に配置されているので、直射日光が避けられ、夏は涼しく過ごしやすい。地形を活かしたサイトは、それぞれ違った雰囲気なので、レイアウトを想像しながらじっくりと選んでみよう。炊事場には作業台が設置され、温水も使えるので便利だ。いずれもキレイに掃除されているので、気持ち良く使用できる。宿泊施設は、バンガローがあり、トイレ、温水シャワーは隣接。ベランダに木製テーブルとイスが設置されているので、バーベキューが楽しめる。

利用条件

花火
指定の場所でのみ可。

焚火
器具使用にて OK。
芝を傷めないこと。

ペット
指定の場所でのみ可。

ゴミ
指定袋を購入の場合は可。

料金案内

●入場料
大人550円、小人275円
●オートキャンプサイト
1区画/2,200円
●キャンピングカーサイト
1区画/2,860円
●バンガロー1泊
1人/2,200円
●デイキャンプ
1区画/1,100円

かぶと虫がいっぱい
育つといいな。

プレイスポット

すぐ下を流れる成瀬川で、川遊びや釣りをしたり、河原でバーベキューを楽しむのもいい。押し花教室や蝶の標本作り、山菜狩りなど、季節に合わせたイベント「森の学校」を開催しているので、家族で参加してみよう。参加の場合は事前に申し込みが必要で、料金は内容により異なる。詳細は HP などで公開。

売店・買い出し・食事

敷地内にある売店では、キャンプ用品やガソリン、炭、薪、電池、ガスなどの燃料系や、紙皿、スナック菓子、アイス、ジュース、酒などを販売している。また、最寄りのお店は車で6分ほどのところに、スーパー「谷養鮮魚店」があるので利用しよう。

レンタル用品

テント（4・5人用）2,200円、タープ1,100円、シュラフ440円、毛布330円、コンロ1,100円、ランタン550円などがレンタルできる。

キャンプ場の横を流れる川であそぼう！

車で10分ほどのところにある「やまゆり温泉」は日帰り入浴が可能。食事もできるので、温泉と合わせて楽しむのも。大人400円、小人250円（10:00〜21:00）。

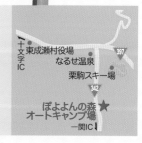

ワンポイントアドバイス

キャンプ場利用者には、近隣温泉施設の入浴割引券がもらえる。お得な券をもらおう！

Infomation

所在地	秋田県雄勝郡東成瀬村椿川字間木 11-9
利用期間	4月下旬〜 10月下旬
利用時間	IN14:00　OUT11:00 デイキャンプ 9:00 〜 17:00
休業日	営業期間中は無休
車	秋田自動車道十文字 IC より国道 13 号線を湯沢方面、国道 342 号との交差点を左折し約 30 分
駐車場	あり（70 台）無料

十文字IC
東成瀬村役場
397
なるせ温泉
栗駒スキー場
342
ぽよよんの森
オートキャンプ場
一関IC

妖精の森

アウトドア

とろるのもり

http://ww5.et.tiki.ne.jp/~masugi/

予約・問い合わせ

☎0186-76-2107

Tellにて3ヵ月前～受付

総サイト数	16	
オートキャンプサイト	AC電源あり	2区画
	AC電源なし	4区画
テントサイト	フリーサイト 10張	
キャンピングカーサイト	専用区画はないがオートキャンプサイトで可	
その他	宿泊施設 9棟	

秋田県北の観光、登山のベースキャンプ地に最適

▲爽やかな草原で自然を満喫しよう。

▲ゆったりとしたアウトドアが楽しめるコテージ。

料金案内

●入場料 無料
●オートキャンプサイト
大人800円、子供400円
テント持込料1張540円
●テントサイトサイト
大人800円、子供400円
テント持込料1張540円
●キャンピングカーサイト
大人800円、子供400円
●その他
バンガロー1泊 大人1,100円、子供550円
コテージ1泊 1棟13,200円～27,840円

Infomation

所在地	秋田県北秋田市森吉高原内
利用期間	4月中旬～11月下旬
利用時間	IN 15:00 OUT10:00
休業日	営業期間中は無休
交通	秋田内陸線阿仁前田駅よりタクシーで約25分
車	秋田自動車道八郎潟五城目ICより国道285号を大館森吉方面へ約55分
駐車場	あり（10台）無料

岩城オートキャンプ場

水あそび

いわきおーときゃんぷじょう

http://www.iwaki-park.co.jp/

予約・問い合わせ

☎0184-73-3789

Tellにて3ヵ月前～

総サイト数	16	
オートキャンプサイト	AC電源あり	16区画
	AC電源なし	なし
テントサイト	なし	
キャンピングカーサイト	専用区画はないがオートキャンプサイトで可	
その他	コテージ5棟	

「道の駅 岩城」に隣接したアウトドアスペース

▲潮風が吹き抜ける開放的なサイトは36㎡。

◀赤い屋根がシンボルの道の駅で買い物も楽々。

料金案内

●入場料
無料
●オートキャンプサイト車1台
1区画/4,400円
●その他
コテージ1泊1棟/13,200円
●デイキャンプ
1区画/1時間550円
コテージ1棟/1時間1,650円

Infomation

所在地	秋田県由利本荘市岩城内道川新鶴潟 192-43
利用期間	4月～10月
利用時間	IN 14:00 OUT10:00
休業日	第2水曜日(7,8月を除く)
交通	JR羽越本線岩城みなと駅より徒歩3分
車	日本海沿岸東北自動車道岩城ICより県道44号を由利本荘方面へ約3分
駐車場	あり（10台）無料

山形県

前森高原オートキャンプ場 P68

サンビレッジ徳良湖オートキャンプ場 P58

鮭川村エコパーク P62

月山あさひサンチュアパーク P64
羽黒山キャンプ場 P72
タキタロウ公園オートキャンプ場 P72

庄内夕日の丘オートキャンプ場 P66

鼠ヶ関キャンプ場 P60

白い森オートキャンプ P70

月山・弓張平オートキャンプ場 P56

西蔵王公園キャンプ場 P54

酒田市
真室川町
金山町
鮭川村
新庄市
最上町
三川町
戸沢村
舟形町
鶴岡市
庄内町
大蔵村
大石田町
尾花沢市
村山市
西川町
河北町
東根市
寒河江市
大江町
中山町
天童市
朝日町
山辺町
山形市
白鷹町
長井市
上山市
南陽市
小国町
川西町
高畠町
飯豊町
米沢市

西蔵王公園キャンプ場

にしざおうこうえんきゃんぷじょう

スポーツ

http://park.montedio.co.jp/zao/

 管理棟　 24時間管理　 トイレ　 シャワー　 ランドリー　 食事処　 売店　 自販機　 炊事棟　 BBQ　 夜間照明　 ドッグラン　 Wifi

サイトプロフィール

自然を活かした地形のサイトは土や草地のフィールドで、大きさは約20㎡。夜間はやや暗いので注意しよう。管理人は日中の8時間常駐で、夜間は不在となる。

予約・問い合わせ

☎023-655-5900

（株）モンディオ山形
tellにて4月1日〜
（当日の利用もtellにて確認）
受付 8:45〜21:00

▲木々に囲まれたテントサイトの大きさは約20㎡。

▲キャンプ場からは離れているが、BBQ広場もある。

▲サイトは予約順に割り振られる。

総サイト数	25	
オートキャンプサイト	AC電源あり	なし
	AC電源なし	なし
テントサイト	AC電源なし 25区画	
キャンピングカーサイト	なし	
その他	なし	

🏕 大自然が満喫できる広々とした公園内の施設

　山形市街地から車で約20分の位置にありながら、広い芝生広場やキャンプ場、アスレチック広場、バーベキュー広場など、東北でも屈指の遊具の種類と数量を誇っている。キャンプはテントサイトのみで、車はキャンプ利用者専用の駐車場に置き、キャンプエリアまでの小路を荷物を持って歩かなくてはならない。サイトまで150mほどの距離があるので、荷物はできるだけコンパクトにまとめておくとよいかも。テント設営まで少々汗をかくことになるが、なんといっても無料でキャンプができるのはうれしい。炊事棟やトイレなども比較的清潔に保たれているので、子連れファミリーも安心だ。恵まれた自然の中で、ちょっぴりワイルドなアウトドアを体験してみよう。

利用条件

花火
花火は禁止。

焚火
器具使用にて可。
芝を傷めないこと。

ペット
園内禁止。盲導犬のみ可。

ゴミ
全て持ち帰り。

子ども向けの遊具がある冒険広場。

料金案内
●入場料
なし
●テントサイト
無料

変わった形の遊具もあるよ。

プレイスポット

　広大な敷地の公園内には、アスレチックやワイドすべり台など、子ども達が遊べる広場が点在。大きな芝生広場もあるので、思いっきり走り回ろう。また、周辺の自然林や大小5つの湖沼群を巡るネイチャーウォーキングもおすすめ。夜は展望広場から山形市内の素晴しい夜景を眺めることができる。

開放感あるエリアで思いっきり走りまわろう。

売店・買い出し・食事

敷地内に売店はないので、買い出しをしてから出かけよう。食事の施設は、車で5分のところにそば処「大山桜」、10分のところにはそば処「三百坊」がある。また、山形の名産や物産、食事の施設、フルーツセンターなどが揃う「山形県観光物産館」までは車で25分ほど。地元のおみやげなどもここで。その他、キャンプ用品などは無いので準備して行こう。

レンタル用品

キャンプ用品のレンタルなどは何もないので、必要なものは全て持参しよう。駐車場まで距離もあるので、忘れ物が無いよう再度確認しておこう。

「竜山の湯」まで車で5分、こぢんまりとしているが、洗い場や露天風呂もある。ほか、ヒルズサンピア山形や蔵王温泉は車で15分の距離にある。

ワンポイントアドバイス

夜は暗いので、懐中電灯など、移動用の明かりを持参しよう。夏は虫よけ対策も忘れずに。また、売店などがないので、炭やガスなどの燃料は不足しないよう、少し多めに準備して行こう。

Infomation

所在地	山形県山形市岩波〜上桜田地内
利用期間	4月中旬〜11月下旬
利用時間	IN10:00　OUT10:00
休業日	利用期間中は無休
交通	JR山形駅より山形交通バス西蔵王（野草園）行き終点下車徒歩30分
車	山形自動車道山形蔵王ICより西蔵王高原ラインを蔵王温泉方面へ約20分
駐車場	あり（629台）無料

山形駅　山形自動車道　山形蔵王IC
県庁　112
山形新幹線　西蔵王公園キャンプ場 ★　53　167
13　三本木沼　野草園
西蔵王高原ライン

スポーツ

月山・弓張平オートキャンプ場

がっさん・ゆみはりだいらおーときゃんぷじょう

http://business4.plala.or.jp/yumihari

 管理棟 24時間管理 トイレ シャワー ランドリー 食事処 売店 自販機 炊事棟 BBQ 夜間照明 ドッグラン Wifi

サイトプロフィール

サイトは良く整備された芝生なので、適正ペグはプラスチックでもOK。AC電源付きのオートサイトは、「フラワーサイト」のみとなる。管理人は24時間常駐する。

予約・問い合わせ

☎ **0237-75-2003**

Tellにて4月1日〜当日まで
（4月、5月の毎週火曜日を除く）
受付9:00〜17:00

▲オートサイトの広さは9m×9m、テントサイトは10m×10m。

▲ログコテージ前には自由に遊べる広場も。

▲設備が1ヵ所にまとまったサテライトハウス。

総サイト数	117	
オートキャンプサイト	AC電源あり	25区画
	AC電源なし	25区画
テントサイト	フリーサイト67張	
キャンピングカーサイト	専用区画はないがオートキャンプサイトで可	
その他	コテージ5棟	

標高650m、月山の麓に位置する弓張公園

アスレチック遊具や巨大迷路、川遊びなど、様々なスポーツレクリエーションが楽しめる広大な公園の一角にあるキャンプエリア。見晴らしの良い「フラワーサイト」、木々に囲まれた「ナラ林サイト」と、ロケーションの違ったオートサイトのほかに、「ふれあい広場」「こもれび広場」「ナラ林フリーサイト」の3タイプに分かれたテントサイトがある。

サテライトハウスには、シャワールームや洗面台などの設備があり、炊事場やガスコンロ台もここ1ヵ所にまとめられている。センターハウスには、売店や自販機、広いラウンジがあり、月山を眺めながらひと休みができる。

利用条件

花火
打ち上げ禁止。手持ちのみ。

焚火
器具使用にて可。芝を傷めないこと。

ペット
リード、ゲージ等必須。建物内不可。

ゴミ
分別して指定のゴミ箱へ。

敷地内を流れる小川で水遊びをしよう。

料金案内

- ●入場料
大人（18歳以上）500円、
小人（小〜高校生）250円、
幼児無料
- ●オートキャンプサイト 車1台
1区画/4,000円〜5,000円
- ●テントサイト
フリーサイト1張/3,000円
- ●コテージ1棟
4人用/10,000円
- ●デイキャンプ 車1台
1区画/1,500〜2,000円

プレイスポット

　隣接の弓張公園では、テニス、ゴルフなどの各種スポーツや、子供広場、植物園、近くの川で魚釣りなども楽しめ、広い敷地内で1日たっぷりと遊ぶことができる。自然木を利用したクラフト作りや、木の実やドライハーブを使ったリース作りなどの手作り体験もできる（要問い合わせ）。

パークゴルフも楽しめる。

売店・買い出し・食事

キャンプエリア内にあるセンターハウスにて、ガス、ホワイトガソリン、薪、炭、お菓子、飲物、日用品などを販売。ホットドックやハンバーガーのある「弓張茶屋」は車で2分。スーパー、コンビニへは車で30分。

レンタル用品

テント大3,000円、小2,000円、タープ1,500円、ツインバーナー1,000円（燃料別）、ランタン1,000円（燃料別）、BBQコンロ300円（炭、網別）、シュラフ500円、毛布300円など。

志津温泉まで車で5分ほど。各旅館で日帰り入浴ができる（500円〜）。また、車で15分ほどで日帰り入浴施設が2ヵ所ある（300円）。

ワンポイントアドバイス

気温は平地に比べて1〜2度下がるので1枚多めに上着を持っていこう。また、夏は水遊び用に子どもたちの着替えはたくさん準備しよう。

Infomation

所在地	山形県西村山郡西川町大字志津 172-3
利用期間	5月1日〜10月31日
利用時間	IN13:00〜17:00　OUT11:00　デイキャンプ 9:00〜17:00
休業日	営業期間中は無休
交通	JR山形駅より高速バス＜酒田鶴岡行き＞月山口下車、西川町営バス＜姥沢行き＞に乗り換え弓張平公園下車徒歩2分
車	山形自動車道月山ICより112号線を山形方面へ約5分112号線より案内板設置
駐車場	あり（350台）無料

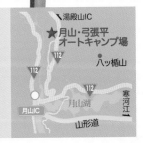

湯殿山IC
★月山・弓張平
オートキャンプ場
112
八ッ楯山
112
112
月山湖
寒河江
月山IC
山形道

山形県

サンビレッジ徳良湖　オートキャンプ場

さんびれっじとくらこおーときゃんぷじょう

アウトドア

管理棟	24時間管理	トイレ	シャワー	ランドリー	食事処	売店	自販機	炊事棟	BBQ	夜間照明	ドッグラン	Wifi

サイトプロフィール

自然の地形を残しているので、サイトにより広さやレイアウト等の違いはあるが、場内は綺麗で湖の眺めは良い。設営のレイアウトを工夫しよう。管理人は24時間常駐する。

予約・問い合わせ

☎**0237-23-2111**

Telにて3ヵ月前の1日〜
受付8:30〜17:00

▲徳良湖を一望できる見晴らしの良いサイト。

▲高い木々が立ち並ぶオートサイト。

▲花畑には、季節の花々が。

総サイト数	100	
オートキャンプサイト	AC電源あり	23区画
	AC電源なし	34区画
テントサイト	フリーサイト33張	
キャンピングカーサイト	トレーラー対応	
	AC電源あり	10区画
その他	キャビンハウス　3棟	

四季折々に変化する湖畔に広がるオートキャンプ場

　春には満開のさくらが咲き誇り、秋には周りの木々も色づく徳良湖。落ち着いた静かなアウトドアライフが楽しめる。

　周辺には、ツツジやステラデオロ、ジャーマンアイリス、シャクヤク、ラベンダーなどの花畑があり、季節の花が咲き乱れる。四季折々に変化する湖畔で、落ち着いた静かなアウトドアライフを楽しもう。湖側に電源付きのオートサイト。通常のオートサイトは林間に区画されている。総面積7.7haのエリア内には、サニタリーが2ヵ所あり、シャワーや洗濯・乾燥、トイレのほか、ガスコンロも設置してある。徳良湖周辺にはレジャー、温泉、食のスポットがいっぱいあるので、とことん遊ぼう！

利用条件

花火
動物保護地域の為一切禁止。

焚火
残念ですが、できません。

ペット
リード必須。就寝時はテント or ゲージへ。

ゴミ
有料、指定袋あり。

四季折々に美しい姿を見せる徳良湖。

料金案内

●入場料
無料
●オートキャンプサイト車1台
1区画/1,730円～5,780円
●キャンピングカーサイト 車1台
1区画/3,080円～5,140円
●テントサイト
フリーサイト1張/1,320円～2,650円
● その他
キャビン1泊・4人まで
1棟/12,570円～14,660円
●デイキャンプ
1区画/510円～2,570円

プレイスポット

　徳良湖では、持参した釣竿で、自由にフィッシングを楽しむことができる。周辺にはテニス、グラウンドゴルフなどのスポーツ設備もある。レンタサイクルで周囲を巡りながら、「子供広場」や「グラススタジオ旭」などに立ち寄ってみるのもいい。

ロフトが寝室のログキャビンハウス。

売店・買い出し・食事

売店では、ジュース、アイスクリーム、お土産品などを販売。管理棟内に「グースカフェ」あり。車で3分ほどに「姫屋蕎麦」、尾花沢牛の「レストラン徳良湖」までは歩いて7分。コンビニ、スーパーは車で5～12分のところに数ヵ所ある。

レンタル用品

キャンプ用品のレンタルは無いので、必要なものはすべて持参しよう。足りないものは買い出してから行くなど、忘れ物がないよう、しっかりとチェックすること。レンタサイクル1日500円

徒歩5分のところに露天風呂、サウナのある温泉施設「花笠の湯」がある。大人400円、小人100円。有名な銀山温泉へは車で10分の距離。

ワンポイントアドバイス

蕎麦打ち道場やヨット体験、サンドブラスト体験、花つみやアレンジメント教室など、徳良湖周辺には体験施設がいっぱい（全て要予約）。

Infomation

所在地	山形県尾花沢市二藤袋 1401-6
利用期間	4月下旬～11月上旬
利用時間	IN13:00 OUT11:00
	デイキャンプ 9:00 ～ 16:00
休業日	無休
交通	JR 大石田駅より市営バス＜銀山温泉行き＞徳良湖口下車徒歩 10 分
車	山形自動車道東根 IC より国道 13 号を新庄方面へ約 30 分
駐車場	あり（60 台）無料

山形県

鼠ヶ関キャンプ場

ねずがせききゃんぷじょう

http://www.atsumi-spa.or.jp/

水あそび

管理棟	24時間管理		トイレ	シャワー	ランドリー	食事処	売店	自販機	炊事棟	BBQ	夜間照明	ドッグラン	Wifi

サイトプロフィール

サイトの目の前は海だ。車はテントの近くに駐車することができる。テント内に砂が入るのが気になる場合は、足荒い用の水を置くなど対策を。トイレは一部汲取りがある。

予約・問い合わせ

☎**0235-43-3547**

（あつみ観光協会）

開設以降の予約（現地管理人）

☎**090-8613-9989**

キャンプサイトは予約不要（先着順）

▲フリーサイトのため、混雑時などはマナーを守ろう。

▲日本海に沈む美しい夕日は見逃せない。

▼穏やかな波の海水浴場。

総サイト数	30	
オートキャンプサイト	AC電源あり	なし
	AC電源なし	30区画
テントサイト	オートサイトに含む	
キャンピングカーサイト	専用区画はないがオートキャンプサイトで可	
その他	なし	

🏕 雄大な日本海が目の前に広がるキャンプ場

　夏期のみ開設され、キャンプサイトのある浜まで車で乗り入れることができる。ユニットハウスの利用以外は予約が不要で、先着順となるので、週末は早めの出発を心がけよう。また、炊事場、仮設トイレ、シャワーなどの設備はあるが、揃い過ぎないところが、ワイルドなキャンプの醍醐味。鮮魚センターも近いので、新鮮な魚介類を調達して、磯焼きやシーフードバーベキューを味わってみよう。

　鼠ヶ関の波は穏やかなので、比較的安心して海水浴が楽しめる。隣接のマリンパークには、人工磯・イベント広場・スポーツ広場なども併設されており、ファミリーにおすすめ。日本海に沈む美しい夕陽、沖に見える粟島、絶好のロケーションを満喫できる。

利用条件

花火

OK。大人同伴。ゴミ持ち帰りが原則。

焚火

OK。火の始末に気をつけよう。

ペット

建物内不可。トイレの後始末はしっかりと。

ゴミ

なし。ゴミは全て持ち帰ろう。

何が釣れるか
楽しみな磯釣り。

料金案内

●入場料
小学生以上200円
●オートキャンプサイト
1区画/3,000円
●駐車料金（普通車・軽自動車）
1,000円/（大型車）2,000円/
（バイク）500円
●キャンピングカー
（テントサイト・駐車料金込）
1区画/6,000円
●シャワー（温水）1回100円

弁天島にある灯台
へお散歩しよう。

プレイスポット

　海水浴や磯遊びなど、雄大な海で思いっきり遊ぼう。
近くの防波堤や岩場には魚釣りのポイントも。また、周
辺にはマリンパークねずがせき（海水浴場）や弁天島が
あり、散策をしながら周ってみるのもいい。浜茶屋では、
イカの一夜干しや岩ガキなど、日本海の夏の味覚も味わ
えるので、お腹が空いたら是非立ち寄ってみよう。

売店・買い出し・食事

キャンプ場内に、売店や食事のできる施設はないが、鼠ヶ関漁港周
辺の浜茶屋や鮮魚センターへは車で2分。寿司、ラーメン、食堂や「道
の駅 あつみ」も10分以内と、車で移動すれば近場にたくさんある。
5分のところにコンビニやスーパーも数ヵ所あり買い物にも便利。

レンタル用品

キャンプ用品などのレンタルはなにもないので、忘れ物がないよう
に必要なものは持参しよう。

車で15分のところにある、あつみ温泉に立寄
り入浴のできる温泉旅館があるが、温泉街に
は、誰でも気軽に入浴ができる共同浴場があ
る。

ワンポイントアドバイス

予約の必要がないので、天候
を確認しながら日程の計画が
できる。

Infomation

所在地	山形県鶴岡市鼠ヶ関
利用期間	7月中旬〜8月中旬
利用時間	フリー
休業日	営業期間中は無休
交通	JR羽越本線鼠ヶ関駅から徒歩5分
車	日本海東北自動車道鶴岡ICより国道7号を新潟方面へ約15分
駐車場	フリー（浜まで乗り入れ可）有料1台700円

鮭川村エコパーク

さけがわむらえこぱーく
http://yamagata-ecopark.com/

水あそび

| 管理棟 | 24時間管理 | トイレ | シャワー | ランドリー | 食事処 | 売店 | 自販機 | 炊事棟 | BBQ | 夜間照明 | ドッグラン | Wifi |

サイトプロフィール

木々に囲まれ広々としたフィールド。夜間は、足元を照らすだけの最小限の光なので注意を。ペグはプラスチックからOK。管理人は通常9:00〜17:00、コテージ宿泊時は夜間も駐在。

予約・問い合わせ

☎**0233-55-4455**

Tellにて6ヵ月前から当日まで
受付9:00〜18:00

▲オートサイトの平均サイズは11m×11m。

▲かわいいカモが泳ぐ「木の子沼」。

▲木の子沼に沿って建つきつつきコテージ。

総サイト数	72	
オートキャンプサイト	AC電源あり	22区画
	AC電源なし	なし
テントサイト	フリーサイト50張	
キャンピングカーサイト	専用区画はないがオートサイトで可	
その他	コテージ7棟	

⛺ 山々の自然を感じながら過ごす滞在型公園

　総面積30haの雑木林を生かした滞在型の森林公園は、森の中に広がる「木の子の森」と、川沿いの「鮭の子公園」からなる、総合アウトドアパークだ。自然との共存をテーマに、さまざまなプログラムが用意されたエコ・スクールなども開催している。広々としたサイズが自慢のオートサイトには、専用のサニタリー棟があり、温水の出る炊事場、コインランドリー、シャワーが完備されている。約50サイトのテントを張ることが出来るフリーサイト（スロープガーデン）では、木製遊具や人工の小川があり、子どもが自由に楽しむことができる。静かな森の中で、それぞれ の「自然のかたち」を見つけてみよう。

利用条件

花火
打ち上げ禁止。手持ちのみ。

焚火
芝の上は禁止（要確認）。

ペット
リード必須。
管理はしっかりしよう。

ゴミ
分別して指定場所へ。

芝生の上に設置された遊具で遊ぼう。

プレイスポット

フリーサイト中央には、木製のアスレチックや水遊び、緑の広場があり、サッカーやキャッチボールなど、自然の中でのびのび遊ぶことができる。クラフトや園内トレッキング、バームクーヘン焼きなど、3名から参加できる多様な体験プログラムが用意されているので参加してみよう（1週間前に要予約）。

売店・買い出し・食事

売店では、薪1束300円、炭2kg500円や、日用品、お菓子、ジュース、ビールなどを販売している。ほか、食事ができるカフェがセンター棟内にある。最寄りの飲食店へは車で5分ほど。買い出しは、車で5〜10分のところに、コンビニやスーパーがあるので利用しよう。

レンタル用品

レンタル品は、ドーム型テント4,000円、タープ1,500円、テーブルセット1,000円、ガス・電池式ランタン各500円、調理セット500円、BBQコンロ500円、シュラフ500円、ほか。

様々な体験プログラムに参加してみよう。

車で15分のところに、美人の湯で知られる「羽根沢温泉」がある。

ワンポイントアドバイス

各種体験プログラムは、希望日の1週間前までに予約しよう。暑い日は子どもの帽子を忘れずに持参しよう。また、虫よけ対策も準備しておくこと。

Infomation

所在地	山形県最上郡鮭川村木の子の森
利用期間	4月下旬〜10月末（コテージは通年）
利用時間	IN14:00 OUT11:00 デイキャンプ9:00〜16:00
休業日	火曜日（GW、夏休み期間を除く）
交通	JR新庄駅よりタクシーで約15分
車	東北中央自動車道東根ICより国道13号線を秋田方面へ60分
駐車場	あり（150台）無料

月山あさひサンチュアパーク

がっさんあさひさんちゅあぱーく
https://yudonosan.com/camp/

体験

| 管理棟 | 24時間管理 | トイレ | シャワー | ランドリー | 食事処 | 売店 | 自販機 | 炊事棟 | BBQ | 夜間照明 | ドッグラン | Wifi |

サイトプロフィール

サイトはゆとりのある広さで、ペグが打ちやすいように改良された全面芝サイト。炊事棟から遠いサイトもあるので考慮しよう。管理人は24時間常駐。

予約・問い合わせ

☎0235-54-6606

Tellにて1ヵ月前～当日まで
受付9:00～16:30

▲オートサイトは110㎡、フリーサイトは150㎡以上。

▲ゆとりのあるキャンプスペース。

▲お風呂などの設備がある管理棟。

総サイト数	70	
オートキャンプサイト	AC電源あり	50区画
	AC電源なし	なし
テントサイト	フリーサイト20張	
キャンピングカーサイト	なし	
その他	宿泊施設なし	

⛺ ブナの原生林に囲まれた大自然に感動

　湯殿山スキー場のなだらかなふもとに、グリーンシーズンのみオープンするキャンプ場。5000haのブナの原生林に囲まれた、自然たっぷりのフィールドは、1日では周りきれないほど広大。サイト間には、樹木がないので、日陰用のタープやヘキサは忘れずに準備していこう。日差しが強い日は、涼しいブナ林で休むこともできる。温水シンクをはじめ、無料で使える冷蔵庫、コイン洗濯機や乾燥機のほか、寝袋やテントを干す物干し台スペースもあり、設備も申し分ない充実さだ。便利に気持ちよく過ごせるキャンプ場なので、時間の許す限り、長く滞在して大自然を満喫してみよう。夜は、「星空のホテル」と謳われるほど、美しい星を眺めることができる。

利用条件

花火
指定場所でならOK。

焚火
器具使用にてOK。芝を傷めないこと。

ペット
リード、ゲージ等必須。
建物内不可。

ゴミ
分別して指定場所へ。

料金案内

●入場料
なし
●オートキャンプサイト 車1台
1区画/4,200円～5,500円
●テントサイト
1張/2,100円
●デイキャンプ 車1台
1区画/1,550円

水遊びができる池。

まきまきパンを炭火で焼いて味わおう。

プレイスポット

野菜をもぎ取る体験や、まきまきパン焼き、ピザ焼き、タイダイ染め体験など、手作り教室を開催しているので、詳細は問い合わせてみよう。また、ブナの原生林を散策したり、水遊びをしたりと大自然を感じながら存分に楽しもう。

売店・買い出し・食事

売店では、米、氷、ジュース類、アイスクリーム、調味料、お菓子などの日用品や、アウトドアガス、カセットガス、炭、薪などを販売している。車で5～15分ほどのところに、飲食店や産直店、道の駅、ドライブインなどのお店がある。

レンタル用品

テント3,000～5,000円、タープ1,500円、マット200円、シュラフ1,000円、鉄板300円、ガスランタン500円、ツーバーナー1,000円などのキャンプ用品がレンタルできる。

管理棟にお風呂があり入浴可能。シャワールームは、家族で使用できるほど広い。車で10～20分のところには、日帰りで入浴できる温泉もある。

ワンポイントアドバイス

初心者には、オールレンタルセット（7,000円）があり、テント設営指導もしてくれる。水遊びができるので、夏は着替えをたくさん準備しよう。また、イベントは予約が必要な場合もあるので要問合せ。

Infomation

所在地	山形県鶴岡市田麦俣字六十里山125-8
利用期間	6月上旬～10月下旬
利用時間	IN13:00　OUT11:00 デイキャンプ 9:00～16:00
休業日	営業期間中は無休
交通	JR鶴岡駅よりバスにて＜湯殿山行き＞湯殿山スキー場口下車 徒歩15分
車	山形自動車道湯殿山ICより国道112号を山形市方面へ約5分 または月山ICより鶴岡市街方面へ約20分
駐車場	あり（200台）無料

山形道
112
湯殿山IC
月山あさひ ★
サンチュアパーク
湯殿山スキー場
庄内あさひIC
あさひ
月山湖
七ツ滝
月山IC

庄内夕日の丘オートキャンプ場

しょうないゆうひのおかおーときゃんぷじょう
http://www.in-green.com

体験

| 管理棟 | 24時間管理 | トイレ | シャワー | ランドリー | 食事処 | 売店 | 自販機 | 炊事棟 | BBQ | 夜間照明 | ドッグラン | Wifi |

サイトプロフィール

全サイトがふかふかの芝生で、居心地が良い。飛行機の離発着がよく見えるサイトもあり。但し、フライトの本数もさほど多くなく夜は静かに過ごせるので安心。

予約・問い合わせ

☎0234-92-4570

Telにて2ヵ月前の1日～当日まで
受付9:00～17:00

▲飛行機がすぐ近くを飛ぶ。

▲カブトムシハンター！

▲オートサイトの大きさは 10m×10m の広さ。

総サイト数	30	
オートキャンプサイト	AC電源あり	26区画
	AC電源なし	なし
テントサイト	なし	
キャンピングカーサイト	AC電源あり 4区画	
その他	宿泊施設なし	

飛行機の離発着を間近で楽しめるキャンプ場

　庄内空港を取り囲む広大な緩衝緑地の高台にあるキャンプ場。敷地内は、さまざまな樹々や四季の草花が咲き、奥の雑木林にはカブトムシも生息する自然豊かな施設だ。区画サイトは、手入れの行き届いている芝生のフィールド。トイレや炊事、シャワーなど、管理棟1ヵ所にまとまっているので、遠くなってしまうサイトもあるが、いずれも清潔で使用しやすい。また、高速道路からすぐの位置にあり、周辺には磯遊び、水族館などのレジャースポットや、温泉街、大型ショッピングモールもあり、とにかく便利だ。なんといっても飛行機の離着陸の迫力を間近で観ることができる。自然と近代の融合した風景は必見。

利用条件

花火
敷地内では花火は禁止

焚火
器具使用。芝を傷めないよう敷き台を貸し出し

ペット
お留守番していてね

ゴミ
分別して指定の袋で捨てる

7月に行われる「巨大流しそうめん」。

プレイスポット

　緑いっぱいの芝生の広場で、自由に遊んだり、レンタサイクリング（無料）や散策、虫取りなど、自然の中でのびのびと遊ぼう。季節ごとに巨大流しそうめんを行う夏まつり、10月のハロウィンキャンプ、11月の感謝祭など行っている。隣接のエリアには、複合遊具やテニス、サッカーといったスポーツをする施設もある。

売店・買い出し・食事

敷地内に売店等の施設はなし。車で1分のところにある、庄内空港ターミナルビル内に豚肉料理「平田牧場」をはじめ、喫茶や売店などのショップがある。また、車で5分ほど走ると、大型ショッピングセンターがあり、食材や飲み物類など、ほとんどの食材を揃えることができる。

レンタル用品

テント・タープはもちろんのこと、ダッチオーブンなどの調理器具や焚き火台などレンタル用品も取り扱っている。また、食材を持参で手ぶらで楽しめる「宿泊セットレンタルプラン」や「バーベキューセット」などがあり、キャンプの初心者でもスタッフが親切に教えてくれるなどのサポートも充実している。

イベント時には楽しい催し物がいっぱい！

温　場内には温水シャワーがあるが、宿泊を伴うサイト利用者は、車で10分ほどのところにある、湯野浜温泉の無料入浴券がもらえる。

ワンポイントアドバイス

庄内夕日の丘ファンクラブに加入すると、さまざまな特典が付いてくる（詳細はＨＰにて公開）。キャンプ宿泊者利用者は、無料で登録ができる。

Infomation

所在地	山形県酒田市浜中字粮畑33
利用期間	4月第3土曜〜11月3日または第1日曜日のいずれか遅い日
利用時間	IN13:00　OUT11:00
休業日	営業期間中は無休
交通	JR酒田駅より庄内交通バス＜庄内空港行き＞下車徒歩5分
車	日本海東北自動車道庄内空港ICより県道33号を庄内空港方面へ約1分
駐車場	あり（67台）無料

前森高原オートキャンプ場

まえもりこうげんおーときゃんぷじょう
http://maemori.jp/

体験

管理棟	24時間管理	トイレ	シャワー	ランドリー	食事処	売店	自販機	炊事棟	BBQ	夜間照明	ドッグラン	Wifi

サイトプロフィール

自然の地形を残しているため、大きさにはやや差があるが、気持ちの良い草地だ。トイレは少し遠めだが、炊事場は清潔にされているので安心。管理人は昼間のみ駐在となる。

予約・問い合わせ

☎0120-443-522

Telにて随時受付。

▲電源サイトやフリーサイトなど様々なサイトがある。

▲ビアハウスでビールを堪能。

◀僕たちに会いにきてね。

総サイト数	53	
区画サイト	AC電源あり	38区画
	AC電源なし	なし
フリーサイト	15張	
トレーラーサイト	あり	
その他	コテージ・バンガロー9棟	

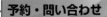 大自然に恵まれた高原の牧場で過ごす

標高400m、自然の地形を活かし、草地が広がるキャンプ場は、遊びどころが満載の広大な牧場内にある。電源付きのオートサイトやフリーサイトなど、さまざまなスタイルのサイトが用意されているので、目的や人数に合わせてチョイスしてみよう。炊事場は場内の中央付近に1ヵ所あり、清潔に保たれているので使用しやすい。また、牧場には、ビアハウスやソーセージ・アイスクリーム工房などの施設もある。レストランビアハウスでは、定番のチョコレート、ストロベリーをはじめとして、常時12種類のアイスクリームが用意されている。是非味わってみよう。

利用条件

花火
手持ち花火のみ OK。

焚火
器具使用にて可。

ペット
マナーを守りましょう。

ゴミ
持ち帰り。

料金案内
●入場料
1人200円（3歳未満無料）
●電源付き区画 車1台
テント・タープ1張/3,500円〜4,300円
●フリーサイト 車1台
テント・タープ1張/2,500円
●バンガロー・コテージ
1泊1棟/4,500円〜20,670円

ウインナー作り体験（親子でも可）3,000円 ※土日・祝日のみ14:00〜（2021年は未定）

夏はイワナのつかみ獲りもできる！

プレイスポット

乗馬体験は引き馬や、1人で乗れるように指導してくれる「体験レッスン40分」もあるので、コースを選んで挑戦してみよう。また、ヤギやヒツジ、鹿たちとふれ合ったり、夏は水遊びで思いっきり遊ぼう。ウインナー作り、アイス作りなどの体験もできる（要予約）。

売店・買い出し・食事

牧場内にある物産館では、季節の野菜や山菜などを販売しているので、食材に使用するのもいい（10:00 〜15:00）。食事はレストラン（10:00 〜16:00）あり。最寄りのお店は、車で10分ほどのところに、スーパーやコンビニがあるので買い出しには便利だ。

レンタル用品

キャンプ用品のレンタルはないので、必要なものは全て持参しよう。忘れ物がないよう再度チェックをしておくこと。

牧場内の「もがみ農遊館」に温水シャワーがある（310円）。また、前森温泉「清流」へは車で3分ほど。大人300円、小人150円（20:30まで受付）。

ワンポイントアドバイス

大きな東屋があるので、ひと休みや急な悪天候時などに便利。但し有料となっているので、必要に応じて利用しよう。（中に設営は禁止）。

Infomation

所在地	山形県最上郡最上町大字向町2135
利用期間	4月中旬〜11月下旬
利用時間	IN13:00 〜17:30　OUT8:30 〜11:00
休業日	営業期間中は無休
交通	JR最上駅よりタクシーで約10分
車	東北自動車古川ICより国道47号を新庄方面へ約70分
駐車場	あり（100台）無料

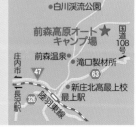

体験

白い森オートキャンプ場

しろいもりおーときゃんぷじょう
http://www.siroimori.co.jp/

 管理棟　 24時間管理　 トイレ　 シャワー　 ランドリー　 食事処　 売店　 自販機　 炊事棟　 BBQ　 夜間照明　 ドッグラン　 Wifi

サイトプロフィール

フィールドは、水はけのよい砂利で、きれいに整備されている。ペグは、V字やアルミなど強度と長さのあるものを準備していくとよい。管理人は宿泊者がいる場合は夜間常駐する。

予約・問い合わせ

☎ 0238-67-2778

Tellにて8月以前4月1日〜
受付9:00〜17:00

▲オートサイトの平均サイズは10m×10m、フリーサイトは200㎡。

▲透き通った川に泳ぐ魚も見える。

◀緑に囲まれた場内を散策しよう。

総サイト数	100	
オートキャンプサイト	AC電源あり	27区画
	AC電源なし	53区画
テントサイト	なし	
キャンピングカーサイト	トレーラーサイト5区画	
その他	なし	

朝日連峰の懐、荒川上流の河川に沿って広がる施設

　ブナの原生林に囲まれ、雄大な大自然がたっぷりと満喫できるキャンプ場だ。開放的な雰囲気と管理人さんのアットホームさが人気のポイントで、リピーターも多い。場内は、オートサイトの一部とトレーラーサイトが川側、区画サイトと、大人数にも対応できるフリーサイトは山側になっているので、スタイルに合わせて選ぼう。炊事棟は、洗い場が広い造りなので、料理の準備も楽々。また、トイレ棟はウッディ調で清潔に保たれ、各サイトからも、さほど遠くない位置にあるので便利だ。キャンプ場のすぐ横を流れる川で遊ぶのもいいが、対岸には、木工体験や入浴、昼食のとれる宿泊施設があり、歩いて橋を渡ればすぐなので利用してみよう。

利用条件

花火
敷地内ではできません。

焚火
残念ですが、できません。

ペット
放し飼いは禁止。
マナーを守ろう。

ゴミ
分別後、指定のゴミ袋で指定場所へ。

源流に近い浅瀬で川遊びや魚釣りもできる。

対岸で木工体験に参加してみよう。

プレイスポット

　源流に近い清らかな川で、魚釣りや川遊びなどが楽しめる。対岸の「白い森木工館」では、手づくりの木工体験を楽しむことができる。オリジナルの木工品作りを楽しんでみよう。（要予約：0238-67-2830）

売店・買い出し・食事

敷地内にある売店では、調味料やアイス、カップ麺などを販売している。対岸の「りふれ」では、昼食のとれる食堂があり、「栃の実そば」が好評。車で20分のところにスーパーがある。

レンタル用品

施設内に、キャンプ用のレンタル品はないので、必要なものはすべて持参しよう。忘れ物がないよう、事前の準備はしっかりとしておくこと。

対岸にある「白い森交流センター りふれ」へは車で5分、または歩行者専用橋で対岸へ渡れば徒歩5分。

ワンポイントアドバイス

キャンプ利用者は対岸の「白い森交流センター りふれ」の入浴が割引になる。川遊びができるよう、水着や着替えを準備して行こう。夏は合わせて帽子も持っていくとよい。虫よけ対策も忘れずに。

Infomation

所在地	山形県西置賜郡小国町大字五味沢 511-8
利用期間	4 月下旬〜11 月上旬（積雪等により変動の場合あり）
利用時間	IN13:00 〜 17:00 OUT11:00 デイキャンプ 10:30 〜 15:00
休業日	営業期間中は無休、但し予約者がいない場合は臨時休業あり
交通	JR 米坂線小国駅よりタクシーで約 25 分
車	東北中央自動車道南陽高畠 IC より国道 113 号線を小国町方面へ 62㎞、約 75 分
駐車場	あり（10 台）無料

北部中　★
白い森
オートキャンプ
261
舟渡局
関川村
113
米坂線
羽前松岡駅
小国駅
小国町役場

羽黒山キャンプ場

はぐろさんきゃんぷじょう

総サイト数	55	
オートキャンプサイト	AC電源あり	15区画
	AC電源なし	20区画
テントサイト	常設テント	20張
キャンピングカーサイト	専用区画はないがオートサイトに一部あり	
その他	宿泊施設 あり	

太陽光温水シャワー付き
の快適ライフ

▲広々とした芝生のフリーサイト。

料金案内

●管理費
オートサイト4歳以上/1人520円
テントサイト4歳以上/1人420円
●オートキャンプサイト 車1台
1区画/2,100円
●フリーサイト
1区画/1,050円
常設テント
1張/4,720円

◀水遊びができる
「ふれあいのほとり」

Infomation

所在地	山形県鶴岡市羽黒町手向字羽黒山8
利用期間	5月上旬～11月上旬
利用時間	IN 13:00 OUT 11:00
休業日	営業期間中は無休
車	山形自動車道庄内ICより農道（こばえちゃライン）を羽黒方面へ約40分
駐車場	有（100台）無料

タキタロウ公園オートキャンプ場

たきたろうこうえんおーときゃんぷじょう

総サイト数	50	
オートキャンプサイト	AC電源あり	なし
	AC電源なし	50区画
テントサイト	オートフリーのため、自由に設営できる	
キャンピングカーサイト	専用区画はないがオートフリーサイトにて可能	
その他	宿泊施設 なし	

湖畔で清々しい朝を迎えよう

料金案内

●入場料
なし
●オートフリーサイト
車1台につき2,000円
バイク1人につき500円
日帰り利用　大人200円
　　　　　　小人100円

▲車で乗り入れ可能なオートフリー。

◀楽しみながら学べる
「タキタロウ館」。

Infomation

所在地	山形県鶴岡市大字大鳥字高岡
利用期間	5月～10月
利用時間	IN 14:00 OUT12:00
休業日	月曜日
交通	JR鶴岡駅よりタクシーで約70分
車	山形自動車道庄内あさひICから車で40分
駐車場	あり（20台）無料

岩手県

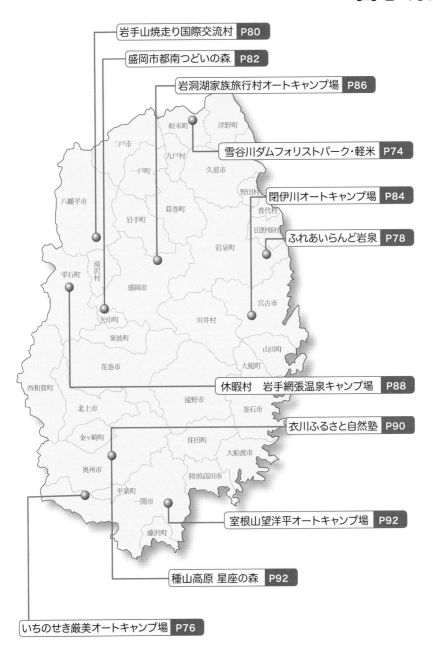

岩手山焼走り国際交流村 P80

盛岡市都南つどいの森 P82

岩洞湖家族旅行村オートキャンプ場 P86

雪谷川ダムフォリストパーク・軽米 P74

閉伊川オートキャンプ場 P84

ふれあいらんど岩泉 P78

休暇村　岩手網張温泉キャンプ場 P88

衣川ふるさと自然塾 P90

室根山望洋平オートキャンプ場 P92

種山高原 星座の森 P92

いちのせき厳美オートキャンプ場 P76

軽米町
洋野町
二戸市
九戸村
久慈市
一戸町
八幡平市
岩手町
葛巻町
野田村
普代村
田野畑村
岩泉町
滝沢村
雫石町
盛岡市
矢巾町
紫波町
川井村
宮古市
花巻市
山田町
大槌町
西和賀町
遠野市
北上市
釜石市
金ヶ崎町
住田町
大船渡市
奥州市
陸前高田市
平泉町
一関市
藤沢町

雪谷川ダムフォリストパーク・軽米

ゆきやがわだむ ふぉりすとぱーく・かるまい

スポーツ

http://www.karumai-kanko.jp/（軽米町観光協会）

管理棟　24時間管理　トイレ　シャワー　ランドリー　食事処　売店　自販機　炊事棟　BBQ　夜間照明　ドッグラン　Wifi

サイトプロフィール

デッキ付きや、林間サイトのほか、広場で自由に設営ができる。車も近くまで乗り入れが可能となっているので、スタイルに合った場所を選ぼう。

予約・問い合わせ

☎0195-45-2444

Tellにて受付

▲林に囲まれたコテージ付近の様子。

▲調理台の付いた炊事棟。

▲お好みのスタイルでアウトドアを満喫！

総サイト数	10	
オートキャンプサイト	AC電源あり	なし
	AC電源なし	10区画
テントサイト	広場で設営OK	
キャンピングカーサイト	なし	
その他	キャビン15棟	

⛺ オランダ風車展望台がシンボルの公園

　水と緑に恵まれた美しい自然の中で、ファミリーでのびのびと過ごすことができる。春には、約15万本の色とりどりのチューリップが咲くことで有名だ。キャンプ場はデッキの付いたサイトと広場のサイトがあり、車の乗り入れが可能となっている。設備は、水場とかまどが設置された炊事棟、トイレ、コインシャワーなどのほか、テーブルとイスが備わった、屋根付きの野外施設（メニーサイドハウス）があり、大きなあずま屋感覚で、自由に使用することができる。また、滞在時間がアバウトで、丸1日（24時間）の利用が可能。かなり長い時間過ごすことができるので、ゆっくりと寛ぐことができる。広々とした敷地内でアウトドアを存分に楽しもう。

利用条件

花火

手持ちのみ、指定場所でOK。

焚火

事前に届け出をし、条件付きにてOK。

ペット

屋内以外はOK。

ゴミ

きれいに片付けて、すべて持ち帰ろう。

春はチューリップが咲き誇り見事！

水と緑に恵まれた美しい自然が魅力。

プレイスポット

　キャンプ場、丸太アスレチック、運動広場、散策道、木炭資料室などの施設が揃い、春には、色とりどりのチューリップ、約15万本が咲き誇ることで有名。チューリップ園へは、長さ154mある赤色のつり橋を渡って行くが、橋からの眺めも良く、雪谷川ダムを一望する素晴しい景観も楽しめる。

売店・買い出し・食事

敷地内にある売店では「さるなしドリンク」が味わえる。食堂(10:00～15:00/月火休み)もあり「さるなしソフトクリーム」の他、カレーやそばなどのメニューが楽しめる。車で25分ほどのところにある「ミル・みるハウス」には、産地直売やレストラン（昼のみ）などの施設がある。

レンタル用品

キャンプ用のレンタル品はないので、必要なものは持参しよう。忘れ物が無いよう、事前準備はしっかりとしておくこと。

車で20分ほどのところにある「おおのキャンパス」内の「おおの健康の湯」で入浴ができる。大人410円、小学生210円（10:00～22:00）。

ワンポイントアドバイス

春はチューリップ、夏はカブトムシに会えるかも。また、名物の「さるなしソフトクリーム」も味わってみよう。

Infomation

所在地	岩手県九戸郡軽米町大字小軽米20-3-1
利用期間	4月中旬～10月末日
利用時間	IN9:00～17:00　OUTチェックインから24時間以内
	デイキャンプ 9:00～17:00
休業日	月曜日（祝日の場合は翌日）
交通	東北新幹線二戸駅または八戸駅よりバスで約1時間
車	八戸自動車道軽米ICより国道395号線、県道22号線を雪谷川ダム方面へ約20分
駐車場	あり（500台）無料

アウトドア

いちのせき厳美オートキャンプ場

いちのせきげんびおーときゃんぷじょう

管理棟

24時間管理

トイレ

シャワー

ランドリー

食事処

売店

自販機

炊事棟

BBQ

夜間照明

ドッグラン

Wifi

サイトプロフィール

駐車スペースは砂利で、サイトフィールドは砂。ペグはどのタイプでもOK。サイト間は生い茂った木々で仕切られているのでリラックスできる。管理人は24時間常駐となる。

予約・問い合わせ

☎0191-39-2577

Tellにて1ヵ月前〜当日まで受付

▲林間サイトの平均サイズは 10m × 10m。

▲天然のミネラル水がある。

▲受付管理棟や売店があるセンターハウス。

総サイト数	35	
オートキャンプサイト	AC電源あり	8区画
	AC電源なし	24区間
テントサイト	なし	
キャンピングカーサイト	AC電源あり 3区画	
その他	宿泊施設6棟	

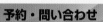

栗駒山を正面に望む自然が豊かなロケーション

　厳美渓に近い山間にあり、広葉樹林帯をオーナー自らが切り開いて作った手作りの民営キャンプ場。緑溢れる場内には、小川が流れ、天然ミネラル水が湧き出ている。このミネラル水は飲料水として利用できるので、コーヒーや調理時に是非使用してみよう。

　オートサイトは、約100㎡の広さがあり、テントが1〜2張、タープが1〜2張ほど張れる。木々に囲まれ、ゆったり過ごせる。炊事場とトイレ（水洗・和式）は共用だが、清潔で使いやすい。また、シャワー（有料）が温泉というのも嬉しいかぎりだ。ほか、バンガローやテラス付きの大型トレーラーハウスも用意されている。

利用条件

花火
打ち上げ禁止。手持ちのみ。

焚火
器具使用にてOK。
芝を傷めないこと。

ペット
リードは必須。マナーを守ろう。

ゴミ
分別して指定場所へ。

気軽に利用できるログタイプのバンガロー。

料金案内

●入場料
大人（中学生以上）400円、小人（小学生以上）100円、幼児無料
●オートキャンプサイト　車1台
1区画/3,800円
●キャンピングカーサイト　車1台
1区画/4,800円
●バンガロー 1泊・5人
1棟/6,500円〜10,000円
●トレーラーハウス 1泊・5人
1棟/15,000円
●デイキャンプ 車1台
1区画/1,000円

プレイスポット

　場内では夏に、クワガタやカブトムシなどの昆虫採集が楽しめる。展望台を目指して、クヌギやナラの林を散策するのもいい。所要時間は約20分で、ハイキング気分が味わえる。また、車で10分ほどのところに渓流があり、イワナやヤマメ釣りが楽しめる。

売店・買い出し・食事

敷地内にある売店では、調味料やホワイトガソリン、電池、薪、ガスカートリッジ、酒、ビール、ジュース、スナック菓子などを販売している。場内に食事の施設はないので、アウトドア料理を楽しもう。最寄りのお店は、車で約10分のところにコンビニがある。

レンタル用品

施設でのレンタル品は、シュラフ500円、マット400円、ツーバーナー1,000円ほか、やかん、鍋、鉄板、まな板、包丁、イス、ドラムなど。

アメリカ気分が味わえるトレーラーハウスに泊まろう！

一番近い日帰り温泉「黒滝温泉のぞみの湯」へは、車で7〜8分ほど。そのほか30分以内に多数あるので、温泉めぐりをするのもいい。

ワンポイントアドバイス

場内に天然のミネラルたっぷりの湧水が出ている。無料で使用することができるので、調理やコーヒーなどの飲み物に利用してみよう。一味違った美味しさが味わえる。

Infomation

所在地	岩手県一関市厳美町下菅生沢119-45
利用期間	4月25日〜10月31日
利用時間	IN14:00　OUT11:00
	デイキャンプ 10:00 〜 16:00
休業日	営業期間中は無休
交通	JR一関駅よりタクシーで約25分
車	東北自動車道一関ICより国道342号を須川方面へ約15分（342号からの右折案内看板あり）
駐車場	あり（7台）無料

楢原公民館
49
奥州市
いちのせき厳美★オートキャンプ場
厳美七区集会所
磐井川発電所
本寺中
342
深立目橋
一関IC

ふれあいらんど岩泉

ふれあいらんどいわいずみ

スポーツ

http://www.fureailand-iwaizumi.jp/

| 管理棟 | 24時間管理 | トイレ | シャワー | ランドリー | 食事処 | 売店 | 自販機 | 炊事棟 | BBQ | 夜間照明 | ドッグラン | Wifi |

サイトプロフィール

全サイトが芝生で、駐車場は舗装され、きれいに区画されている。隣のサイトとの境には植栽があり、はっきり区分けされている。管理人は24時間常駐している。

▲一般サイトは1区画およそ100㎡。全区画AC電源付き。

予約・問い合わせ

☎**0194-22-5211**
Fax**0194-22-5212**

Tel・Fax・HPにて
キャンプ場は随時
コテージ村は2ヵ月前〜

▲アメリカから輸入したトレーラーハウス。

▼周りの景色を楽しみながらプレー。

総サイト数	34	
オートキャンプサイト	AC電源あり	29区画
	AC電源なし	なし
テントサイト	なし	
キャンピングカーサイト	AC電源あり	5区画
	含トレーラー	2区画
その他	コテージ　5棟	
	トレーラーハウス　3棟	
	ブルートレイン寝台車　3両	

🏕 小本川南岸に位置する自然豊かなアウトドア施設

　道の駅「いわいずみ」の後方。野外ステージを中心に、全天候型の400mトラックがある多目的広場、オートキャンプ場、コテージ村などがある。区画整理されたオートサイトは、テントサイトのほかに、キャンピングカーサイトやトレーラーサイトもあり、スペースもゆったりと快適で、全サイトがAC電源付き（トレーラーサイトには2つ）。サニタリーハウスには、トイレや洗面所、炊事室など、キャンプの補助的な設備がほぼ揃っている。セキュリティー面もしっかりしていて、入口のゲートは、パスワードがないと開かない仕組みになっている。また、コテージ村には、10人用と6人用のコテージとトレーラーハウスがあり、フル装備なので、気軽に利用できる。

利用条件

花火

OK。打ち上げ禁止。手持ちのみ。

焚火

焚火マット使用にて可。

ペット

NG。おうちでお留守番してね。

ゴミ

あり。分別して指定場所へ。

人工ゲレンデでソリあそびをしよう!

料金案内

●入場料
無料
●オートキャンプサイト 車1台
1区画/4,180円
●キャンピングカーサイト 車1台
1区画/6,280円
●トレーラーサイト 車1台
1区画/6,700円
●コテージ 1泊6人・10人用
1棟/8,220円〜
●トレーラーハウス 1泊4人用
1棟/6,280円
●デイキャンプ 車1台
1区画/2,080円〜3,350円
●ブルートレイン使用料
1両/16,480円〜

プレイスポット

「パークゴルフ場」では、専用のボールとクラブが用意されているので、誰でもプレーが楽しめる(大人600円、小・中学生400円)。また、ファミリーには「子どもの丘」がおすすめ。人工芝の坂を、ソリを使って滑り降りたり、ブランコなどの遊具で遊んだりすることができる。「ペレニアルロックガーデン」では、季節の花が楽しめるので、話をしながら散策してみよう。

きれいに整備された緑の芝生で遊ぼう

売店・買い出し・食事

売店では、炭や皿などBBQ用品を販売している。地元スーパーやコンビニへは、車で約10分。必要な食材などは事前に準備しておくのがベスト。

レンタル用品

寝袋(1泊1個)410円・ランタン300円・キャンピングチェア300円・BBQコンロ1,030円など。

車で10分ほどのところに「龍泉洞温泉ホテル・龍泉洞ホテル愛山」があり、日帰り入浴が可能。

ワンポイントアドバイス

道の駅の裏側にある「ふるさと体験工房」で、ソーセージ作りや陶芸の体験ができる(要予約)。日本三大鍾乳洞「龍泉洞」へは、車で10分ほど。一度見に行ってみよう。

Infomation

所在地	岩手県下閉伊郡岩泉町乙茂字大向48番地
利用期間	通年
利用時間	IN12:00　OUT11:00 デイキャンプ 9:00〜17:00 コテージ IN15:00　OUT10:00
休業日	無休
交通	JR岩泉駅より町営バス<小本行き>道の駅いわいずみ下車徒歩10分
車	東北自動車道盛岡ICより国道455号を小本方面へ約110分
駐車場	あり(120台)無料

岩泉町役場
国道45号
亀山
道の駅 いわいずみ 44
袰野公民館 455
★ ふれあいらんど岩泉
40

岩手山焼走り国際交流村

アウトドア

いわてさんやけはしりこくさいこうりゅうむら

http://www.hachimantai-ss.co.jp/~yakehashiri/

 管理棟
 24時間管理
 トイレ
 シャワー
 ランドリー
 食事処
 売店
 自販機
 炊事棟
 BBQ
 夜間照明
 ドッグラン
 Wifi

サイトプロフィール

サイトのフィールドは芝生や草地。駐車スペースは舗装されている。オートキャンプのサイト間は、木立で仕切られているのでプライバシーを保てる。管理人は、夜間不在になる。

▲オートキャンプサイトは100㎡、フリーサイトは6207㎡の広さ。

予約・問い合わせ

☎0195-76-2013

Tellにて6ヵ月前〜当日
HPにて6ヵ月前〜前日まで受付

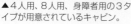
▲4人用、8人用、身障者用の3タイプが用意されているキャビン。

▲施設内にある天然温泉。利用は9:00〜21:00（10月〜4月は20:00まで）。

総サイト数	350	
オートキャンプサイト	AC電源あり	15区画
	AC電源なし	25区画
テントサイト	フリーサイト300張	
キャンピングカーサイト	AC電源あり 10区画	
その他	キャビン24棟	

⛺ 岩手山の麓、焼走り熔岩流の近くに広がるアウトドア施設

　まずは、日帰り温泉館「焼走りの湯」で受付をすませよう。平坦な林の中に広がるオートキャンプサイトには、上下水道付き流し台とカマド、AC電源（有料）が配置され、テントとタープを張っても十分余裕があり、ゆったりと過ごせる。洗面や洗濯、乾燥機が備わったサニタリーハウスもあるので、子ども連れでも安心して楽しめる。フリーサイトのキャンプ場は、県内随一の広さを誇る規模で、1200人の収容が可能。共同の炊事場やキャンプファイヤーサークルがあり、グループや団体での利用にも最適だ。車は乗り入れができないため駐車場へ。宿泊施設は、キャビンを完備。夜は、銀河ステーション天文台（土曜のみ・有料）で星の観察もできる。

利用条件

花火
打ち上げ禁止。手持ちのみ。

焚火
直火は禁止。

ペット
オートキャンプ場1頭500円
キャビン1頭1,500円

ゴミ
分別して指定場所へ。

熔岩流の風景は
必見の価値あり！

料金案内

●入場料
小学生以上300円
●オートキャンプサイト
車1台・テント、タープ1張ずつ／1区画
3,100円〜5,100円
●テントサイト
1人250円〜300円
●キャンピングカーサイト
車1台1区画/4,000円〜5,500円
●キャビン1泊・1人〜8人
1棟/6,400円〜27,200円
●デイキャンプ
1区画/3,100円〜4,100円（入場料別途）
フリーサイトは1人120円〜180円

4月〜10月末まで天文台
で星空観察ができる。

プレイスポット

　観察路が整備された「岩手山熔岩流跡」は、国指定特別天然記念物。周囲の緑とは一変した異空間の中を散策してみよう。天文台は4月末から10月末の土曜のみ開館（19:00〜21:00）している。

売店・買い出し・食事

敷地内にある売店では、お菓子やお土産などを販売している。食事は温泉施設内に食堂があり、地元の食材などを利用した料理が味わえる。買い出しは、車で10分ほどのところに「道の駅にしね」とコンビニがあるので利用しよう。

レンタル用品

キャンプファイヤー1基8,600円・炊事用薪（1束）600円・木炭（1kg）500円・なべ500円・BBQコンロ（台数限定）1,500円〜など。

湯

施設内にはサウナが付いた天然温泉「焼走りの湯」がある。食堂や休憩室も備わっているのでゆっくりしよう。入浴料は大人600円、小人300円。

ワンポイントアドバイス

キャンプ場、キャビンの利用者は、温泉館の入浴料がお得になり、大人500円、小人250円で入浴ができる。ペットはフリーサイト以外有料で同伴可。

Infomation

所在地	岩手県八幡平市平笠24-728
利用期間	4月下旬〜11月上旬
利用時間	IN15:00　OUT10:00
	デイキャンプ10:00〜15:00
休業日	営業期間中は無休
交通	JR花輪線大更駅よりタクシーで約15分
車	東北自動車道西根ICより国道282号を焼走り方面へ約10分
駐車場	あり（300台）無料

田頭郵便局
エッグ
デリカ
282
東北道
松川
233
西根IC
岩手山焼走り
★国際交流村
道の駅
●岩手山
盛岡

岩手県

盛岡市都南つどいの森

もりおかしとなんつどいのもり

アウトドア　http://park20.wakwak.com/~tudoi/

 管理棟　 24時間管理　トイレ　シャワー　ランドリー　食事処　売店　自販機　炊事棟　BBQ　夜間照明　ドッグラン　Wifi

サイトプロフィール

各サイトは山の傾斜を利用し、段々状に配置されている。自由にテントセッティングができるタイプ。管理人は24時間常駐する。

予約・問い合わせ

☎**019-638-2270**

Tellにて受付

▲ウッディなバンガロー。

▲雨の日でも快適に楽しめるバーベキューハウス。

▲オートキャンプサイトの平均サイズは10m×10m。

総サイト数	25	
オートキャンプサイト	AC電源あり	なし
	AC電源なし	10区間
テントサイト	常設テント1～3張	
キャンピングカーサイト	専用区画はないがオートキャンプサイトで可	
その他	宿泊施設15棟	

⛺ 赤林山の麓にある、広大な森林公園

　アカゲラをはじめオオタカなど、今では見られることが少なくなった鳥たちの美しい姿に出会える「都南つどいの森」。

　場内は常設テントが設置され、昔ながらの雰囲気が味わえる第1キャンプ場と、専用区画分けされたオートサイトやバンガロー、キャビンなどの宿泊施設が揃った第2キャンプ場に分かれている。テント設営を省略したい場合や、団体での利用には第1エリアがおすすめ。オートキャンプのサイトは、10区画とこぢんまりとしているが、10m×10mの広さがあるのでゆったりできる。また、屋根付きバーベキューハウス（10:00～16:00）もあるので、雨の日やキャンプビギナーは利用すると便利だ。

利用条件

花火
NG。残念ですができません。

焚火
焚火台があれば可。

ペット
同伴OK。
但し建物内は不可。

ゴミ
各自持ち帰り。

料金案内

●入場料
無料
●オートキャンプサイト
車1台1区画/1,800円
●テントサイト
1張/300円〜500円
●キャビン・バンガロー 1泊
1棟/2,000円〜15,000円
●デイキャンプ 車1台・10人まで
1区画/1,000円

いろいろな木工製品作りを体験してみよう！

土日祝日はイワナ釣りができるよ。

プレイスポット

　「森林創作実習館」では、ペン立てや、ティッシュボックスなど木工製品作りの体験ができるので、オリジナル作品作りにチャレンジしてみよう（材料代実費，要予約）。テニスやグラウンドゴルフ、レンタサイクルで散策などが楽しめるほか、池でのイワナ釣り（土日祝日）や木製アスレチック遊具のある広場で遊べる。

売店・買い出し・食事

敷地内にある売店で木炭、薪、お土産品、バーベキューの食材セット（要予約）などを販売している。また、朝食メニューもあるので利用すると手軽で便利かも（和定食は要予約）。その他、食堂ではラーメンが味わえる。最寄りのお店は車で5分ほどのところに地元スーパーがある。

レンタル用品

バーベキューコンロ1,000円、つば釜（1升炊き）1,000円、鍋500円、まな板・包丁500円、ボール・ざる500円など。その他、必要なものは持参しよう。

園内の宿泊施設「こもれびの宿」で日帰り入浴をしながら一日の疲れを癒そう。利用時間は13:00〜20:00。料金は1人400円。

ワンポイントアドバイス

手作り教室などのイベントが開催されることもある。問い合わせてみよう。

Infomation

所在地	岩手県盛岡市湯沢1-88
利用期間	4月〜11月
利用時間	オートキャンプサイト　IN13:00　OUT11:00
	バンガロー・キャビン　IN14:00　OUT10:00
	デイキャンプ 9:30〜16:00
休業日	営業期間中は無休
車	東北自動車道盛岡南ICより秋田方面へ約10分
駐車場	あり（100台）無料

閉伊川オートキャンプ場

へいがわおーときゃんぷじょう

水あそび

 管理棟　 24時間管理　 トイレ　 シャワー　 ランドリー　 食事処　 売店　 自販機　 炊事棟　 BBQ　 夜間照明　 ドッグラン　 Wifi

サイトプロフィール

オートキャンプサイトのフィールドは全面芝生となり、隣のサイトとの仕切りに、木が植えられている。駐車スペースはカラー舗装。管理人は夜間不在になる。

▲オートキャンプのサイトは約100㎡、キャンピングカーサイトは50㎡。

予約・問い合わせ

☎0193-72-3811

Tellにて受付

▲使いやすい炊事場。

▲サニタリーハウス。

総サイト数	40	
オートキャンプサイト	AC電源あり	30区画
	AC電源なし	なし
テントサイト	フリーサイト7張	
キャンピングカーサイト	AC電源あり 3区画	
その他	宿泊施設なし	

閉伊川を望む高台にある自然豊かな施設

　総合レクリエーションパーク「リバーパークにいさと」の一角にあるオートキャンプ場。30区画全てにAC電源が付いたサイトとなっている。キャンピングカーサイトには、電源のほか、給排水設備が完備。また、200㎡の広さがあるフリーサイトもあり、スタイルに合わせた場所選びができるようになっている。入口の近くにあるサニタリーハウスには、管理事務室、調理台やガスコンロが設置された炊事室、温水シャワー室、コインランドリー、トイレなどの設備がある。キャンプ場の周囲には、宿泊交流施設「湯ったり館」をはじめ、屋内多目的運動場「ころころ」や野鳥観察室のある「ポエムの森公園・研修センター」などがあり、キャンプと合わせて利用してみるのもいい。

利用条件

花火
川原で。打ち上げは20:30まで。

焚火
器具使用にてOK。
芝を傷めないこと。

ペット
ごめんなさい。おうちでお留守番してね。

ゴミ
分別してゴミステーションへ。

料金案内

●入場料
大人（中学生以上）430円、
小人（小学生以上）210円、幼児無料
●オートキャンプ　車1台
1区画／3,780円
●テントサイト
1張／2,700円
●キャンピングカーサイト　車1台
1区画／3,700円
●デイキャンプ　車1台
1区画／2,700円

清らかな流れの川で
遊びを楽しもう。

アユ釣りに
挑戦してみよう。

プレイスポット

閉伊川で川遊びや釣りを楽しもう。アユ釣りのメッカと
しても親しまれているので、フィッシングに挑戦してみ
ては。ほか、多目的運動場「ころころ」では、ラケット
とボールを無料レンタルできるので、家族でテニスを楽
しんでみるのもいい（有料）。体験工房「鞭牛窯」で陶
芸に挑戦したり、山菜採り、自然散策もおすすめ。

売店・買い出し・食事

川向こうにある売店で、新里の特産品や野菜などが購入できる。食
事は自炊を楽しむか、定食などのメニューがある「湯ったり館」内
の食堂を利用しよう。最寄りのお店は車で約5分のところにコンビ
ニ、約20分のところにスーパーやホームセンターがある。

レンタル用品

施設内にキャンプ用品などのレンタル品はないので、必要なものは
持参しよう。忘れ物のないよう、事前準備はしっかりと！

施設内にある交流促進センター「湯ったり館」
で入浴ができる。人気は温泉物質を溶かした
ヘルストンの風呂。入浴料は大人510円、小
学生100円、幼児無料。

ワンポイントアドバイス

キャンプ場利用者は、交流促
進センター「湯ったり館」の無
料入浴券（1回分）がもらえる。

Infomation

所在地	岩手県宮古市茂市8-53
利用期間	4月〜10月末
利用時間	IN14:00　OUT10:00
	デイキャンプ10:00〜15:00
休業日	営業期間中は無休
交通	JR茂市駅より徒歩で約20分
車	東北自動車道盛岡南ICより国道106号を宮古方面へ約90分
駐車場	あり（10台）無料

岩手県

水あそび

岩洞湖家族旅行村オートキャンプ場

がんどうこかぞくりょこうむらおーときゃんぷじょう

管理棟　24時間管理　トイレ　シャワー　ランドリー　食事処　売店　自販機　炊事棟　BBQ　夜間照明　ドッグラン　Wifi

サイトプロフィール

サイトフィールドは水はけも良好な芝生のサイト。オートサイトは植え込みで仕切られている。テントサイトは常設や自由に設営できるフリーサイト。

予約・問い合わせ

☎ 019-681-5235 (Fax兼)

TelまたはFaxにて受付9:00〜17:00
（Faxは24時間、日中連絡先明記）
利用期間外019-683-3852

▲オートキャンプサイトの広さはおよそ10m×10m。

▲四季折々に変化する美しい岩洞湖。

◀湖を眺めながら散策してみよう。

総サイト数	48	
オートキャンプサイト	AC電源あり	8区画
	AC電源なし	12区画
テントサイト	フリーサイト28張	
キャンピングカーサイト	専用区画はないがオートキャンプサイトで可	
その他	宿泊施設なし	

🏕 外山早坂高原に広がる家族旅行村

　標高800m、周辺に外灯が少ないため、星空の観測にも適している。オートキャンプ場は湖に沿った通路に向かってサイトが横一列に並んでいる。どのサイトからも白樺越しに湖を望むことができ、美しい風景を眺めながらキャンプライフを楽しめるのが魅力。トイレ、コインシャワー、洗面台などがあるサニタリーハウスは場内に1ヵ所、炊事棟は2ヵ所あり、しっかり管理されているので、気持ちよく利用できる。無料で利用できるフリーサイトを備えたキャンプ場には炊事棟もあるので、グループでも利用しやすい。湖のほとりで、ゆっくりと流れる時間を楽しもう。

利用条件

花火
花火は禁止。

焚火
器具使用にてOK。
芝を傷めないこと。

ペット
小、中型犬。リードに繋ぎ、フンの始末をする。

ゴミ
分別してゴミステーションへ。

> チビッコ広場で
> 思いっきり遊ぼう！

> 秋には「まつり」
> も楽しめる。

プレイスポット

ボール遊びやバトミントンなどで自由に遊んだり、テニスをしたりと思いっきり遊ぼう。湖が一望できる相ノ山とミズバショウ湿性花園を結ぶ約 8km の遊歩道を散策したり、岩洞湖や周辺の小川で釣りを楽しむのもいい(遊漁料 1 日 600 円)。小さな子どもには、フィールドアスレチック遊具のあるチビッコ広場がおすすめ。

売店・買い出し・食事

敷地内にある売店ではカップラーメンなどを販売。車で10〜30分圏内に日用品、菓子類等を販売しているお店や「薮川地区農村交流センター ばっちゃん亭」内にある産直所などがあり、買い物には便利だ。また、薮川地区名物の手打ちそばが味わえるお店もある。

レンタル用品

レンタル品はないので、必要なものは持参しよう。忘れ物のないよう、事前準備はしっかりと！

大浴場、露天風呂、サウナがある盛岡市総合交流ターミナル「ユートランド姫神」は車で90分ほど。料金は大人600円、小学生300円（10:00 〜22:00）。

ワンポイントアドバイス

昼と夜の温度差が激しいので、タオルケットや毛布、長袖、ズボンなど1枚多めに持っていくことをすすめたい。

Infomation

所在地	岩手県盛岡市薮川字亀橋 33-4
利用期間	5 月 1 日〜 10 月 31 日
利用時間	IN13:00 OUT11:00
休業日	営業期間中は無休
車	東北自動車道盛岡 IC より国道 455 号を岩泉町方面へ約 60 分
駐車場	あり（100 台）無料

岩洞湖家族旅行村
オートキャンプ場

岩洞湖
岩洞湖レストハウス

JA

至岩泉

455

盛岡IC

休暇村　岩手網張温泉キャンプ場

きゅうかむら　いわてあみはりおんせんきゃんぷじょう

https://www.qkamura.or.jp/iwate/camp/

水あそび

管理棟　24時間管理　トイレ　シャワー　ランドリー　食事処　売店　自販機　炊事棟　BBQ　夜間照明　ドッグラン　Wifi

サイトプロフィール

「林間サイト」と「芝生サイト」（AC電源付き）があり、林間サイトには「オートキャンプサイト」と、近くの駐車スペースに車を停めて楽しめる「ひろびろサイト」、今話題のソロキャンプにおすすめの「コンパクトサイト」の3種類あり。何かあれば24時間ホテルフロントにて対応してくれる。

予約・問い合わせ

☎**019-693-2211**

直接予約は6ヵ月前の同日午前9時より電話にて受付

▲ AC電源付きの芝生サイト。区画サイズは8m×10m。

◀夏は新緑、秋は紅葉が堪能できる。

▲10m×10mの広々とした区画の林間オートサイト。

総サイト数	41	
オートキャンプサイト	AC電源あり	23区画
	AC電源なし	なし
テントサイト	18張	
その他	敷地内にホテルあり	

🏕 満天の星空の下でキャンプが楽しめる！

　岩手山のふもと、休暇村岩手網張温泉内にあるキャンプ場。大自然の中にありながら、休暇村の施設も利用できるので、急な悪天候でも安心。徒歩2～3分のところにある日帰り入浴施設も利用できる（有料）。

　敷地内には遊歩道が整備されており、森林浴しながら散策できるのも魅力のひとつ。設営済のテントとキャンプ用品一式レンタル付きの「気軽にレンタルキャンプ」や、食材まで全てそろった「手ぶらでキャンプ」などの充実したプランがあり、初心者や小さなお子さま連れにもおすすめのキャンプ場。夏はホタルが見られるかも。

利用条件

花火
指定の場所にて手持ち花火のみ可。

焚火
器具を使用して、芝生を傷めなければOK。

ペット
同伴はできるが、ペットは車やケージ内に。

ゴミ
分別して指定の場所へ。

> キャンプ用品一式、食材まで付いたプランで初心者でも気軽にキャンプが楽しめる！

プレイスポット

キャンプ場に隣接した「網張ビジターセンター」では、岩手山周辺の自然についての展示あり。7月〜10月の日曜日や連休などには「網張展望リフト（有料）」の運行があり、空中散歩が楽しめる。運行日、料金は要確認。

売店・買い出し・食事

車で約20分のところに食料品店、約30分のところにコンビニエンスストアあり。敷地内の温泉館「薬師の湯」に売店があり、薪・炭（各700円）、おつまみ、各種ドリンクなどが販売されている。

> 温泉館「薬師の湯」も利用できる。

レンタル用品

単品でのレンタルはなし。「気軽にレンタルキャンプ」を利用すれば、設営済テント・寝具・焚き火台・ツーバーナーコンロ・バーベキューグリルセットなどのキャンプ用品一式がそろっている。食材付きのプランもあり。

湯　徒歩2〜3分のところに、網張温泉館「薬師の湯」あり。利用時間は平日9：00〜17：00、土日祝日9：00〜18：00。営業時間などは要確認。

ワンポイントアドバイス

キャンプ場脇の「網張の森」に網張薬師社の境内とお社、絵馬堂があるので、お参りしてみるのもいい。

Infomation

所在地	岩手県岩手郡雫石町網張温泉
利用期間	6月1日〜10月31日
利用時間	IN 14：00〜18：00　OUT10：00
休業日	利用期間内は無休
交通	JR盛岡駅「西口」バスロータリーにて休暇村岩手網張温泉のバスで約1時間。（宿泊者限定：要予約）
車	東北自動車道盛岡ICより国道46号線を秋田方面へ約20km、約40分
駐車場	あり（100台）

★休暇村
岩手網張温泉キャンプ場
278
279　滝沢市立
姥屋敷小中
212
小岩井農場
葛根田川
279

衣川ふるさと自然塾

体験

ころもがわふるさとしぜんじゅく

https://www.city.oshu.iwate.jp/site/kanko/5928.html

| 管理棟 | 24時間管理 | トイレ | シャワー | ランドリー | 食事処 | 売店 | 自販機 | 炊事棟 | BBQ | 夜間照明 | ドッグラン | Wifi |

サイトプロフィール

オートキャンプサイトの広さは約8m×8m。キャンピングカーサイトは8m×16m。サイトは芝生。ペグはプラスチックからOK。管理人はオートキャンパー（バイクを除く）4グループ以上宿泊の場合のみ24時間体制。

予約・問い合わせ

☎**0197-52-6180**

※連絡がとれない場合：奥州市衣川総合支所（地域支援グループ）0197-52-3111

▲電源なしのフリーサイトとなっている。

▲10人が寝泊まりできるコテージ。

◀コテージ内の様子。

総サイト数	10	
オートキャンプサイト	AC電源あり	なし
	AC電源なし	10区画
テントサイト	AC電源なし	
キャンピングカーサイト	なし	
その他	バンガロー　6棟	

自然の豊かさと尊さを再認識できるキャンプ場

廃校となった衣川小学校大森分校と、キャンプ施設を有する衣川青少年旅行村とを統合し、山村の暮らしを体験しながら自然と人との共生の在り方を学ぶ施設として環境省からの指定を受けている「衣川ふるさと自然塾」。炊事場やシャワー室を備えるオートキャンプ場のほか、イワナのつかみ取りや釣り、竹細工や工作などの木工が体験できる体験学習館や自然観察など、大森山の麓に広がる豊かな自然の中での多様な体験ができるので早めの予約をおすすめ。「めんどうな事を楽しむ」「遊び方は自分たちで考える」「自然の変化を満喫しよう」「山の恵みは食べる分だけ」という日常の中では味わえない4つの楽しみ方で、自然の豊かさや尊さが再認識できるはず。

利用条件

花火
OK。打ち上げ禁止。手持ちのみ。

焚火
OK。ファイヤーサークルあり。

ペット
ごめんなさい。お留守番してね。

ゴミ
あり。分別して指定の場所へ。

イワナのつかみ取りをはじめ、各種体験あり。

プレイスポット

森の中でどうやって遊ぶのかを考え、豊かな山の自然や森の生き物たちを観察をする時間は、子どもだけでなく大人にとってもさまざまな発見や驚きがあるはず。イワナのつかみ取りや釣り、木工体験、自然観察、花炭づくり、たたき染め、ソーセージづくりなどの様々な体験プログラムもあるので参加してみよう（1週間前までに要予約）。釣った魚は調理してその場で食べることもできる。

個人でも団体でも利用可能。

売店・買い出し・食事

場内に売店や食事処はないので、必要なものはしっかりと準備をしていこう。管理棟でゴミ袋（1袋）100円・炭1kg200円・薪（1人あたり1回）50円で販売。

レンタル用品

炊事用具一式100円×人数・炊事用具単品100円～・毛布100円・バーベキューセット（バーベキューコンロ・ヘラ・トング・鉄板）500円・鉄板200円・焼き網200円。

近くに国見平温泉「はごろもの湯」があり、気泡風呂や露天風呂、サウナなどを楽しめる。料金は、大人3時間500円、3時間以上800円。小人は半額。営業時間は10：00～21：00。第2・4月曜日定休。

ワンポイントアドバイス

「キャンプファイヤー」「キャンドルサービス」などの相談に応じてもらえる。森林の中にあるため、紅葉の季節はお薦め。

Infomation

所在地	岩手県奥州市衣川下大森109番地3
利用期間	4月1日～10月末
利用時間	IN 14：00　OUT 10：00 デイキャンプ9：00～16：30
休業日	営業期間中は無休
車	東北自動車道平泉前沢ICから国道4号、県道37号で奥州市衣川方面へ。看板に従い現地。平泉前沢ICから20分。
駐車場	有（20台）無料

小安代公民館
水沢駅
衣川ふるさと自然塾
奥州市衣川総合支所
東北自動車道
東北本線
平泉前沢IC
みちのく古都C.C 中尊寺

種山高原 星座の森

たねやまこうげん　せいざのもり

アウトドア　http://www.esashi-iwate.gr.jp/seiza/

予約・問い合わせ

☎0197-38-2366

Telにて当日まで随時受付

総サイト数	15	
オートキャンプサイト	AC電源あり	なし
	AC電源なし	15区画
テントサイト	なし	
キャンピングカーサイト	専用区画はないがオートキャンプサイトで可	
その他	コテージ 8棟	

イーハトーヴで
美しい星空を眺めよう

▲サイトの平均サイズは 10m×10m。

料金案内

●入場料
無料
●オートキャンプサイト　車1台
1区画/3,000円
●コテージ1泊・6人
1棟/9,000円+1人1,000円（幼児無料 (IN 15:00　OUT 10:00)）

◀イートハーヴの大自然を堪能。

Infomation

所在地	岩手県奥州市江刺区米里字大畑 66-21
利用期間	4月下旬～11月15日
利用時間	IN 12:00　OUT11:30
休業日	営業期間中は無休
交通	JR 水沢江刺駅よりタクシーで約20分
車	東北自動車道水沢IC より国道397号を住田町方面へ約30分
駐車場	あり（50台）無料

室根山望洋平オートキャンプ場

むろねやまぼうようたいおーときゃんぷじょう

アウトドア

予約・問い合わせ

☎0191-64-3701

Telにて当日まで随時
受付9:00～17:00

総サイト数	110	
オートキャンプサイト	AC電源あり	10区画
	AC電源なし	30区画
テントサイト	固定サイト 20 張	
	フリーサイト 50 張	
キャンピングカーサイト	専用区画はないがオートキャンプサイトで可	
その他	バンガロー	

素晴らしい眺望が
楽しめるキャンプ場

▲サイトの平均サイズは 10m×10m。

料金案内

●入場料
小学生以上 1人525円
●オートキャンプサイト 車1台
1区画/1,575円～2,100円
●テントサイト
1区画/1,050円
その他
●バンガロー 1泊・3人～8人
1棟/2,100円～4,200円

◀美しい風景の中でキャンプ。

Infomation

所在地	岩手県一関市室根町折壁字室根山 1-17767-1
利用期間	5月初旬～10月下旬
利用時間	IN 16:00　OUT 10:00
休業日	火曜（祝日の場合は翌日）
交通	JR 折壁駅よりタクシー利用約30分
車	東北自動車道一関IC 国道284号を気仙沼方面へ約90分
駐車場	あり（150台）無料

宮城県

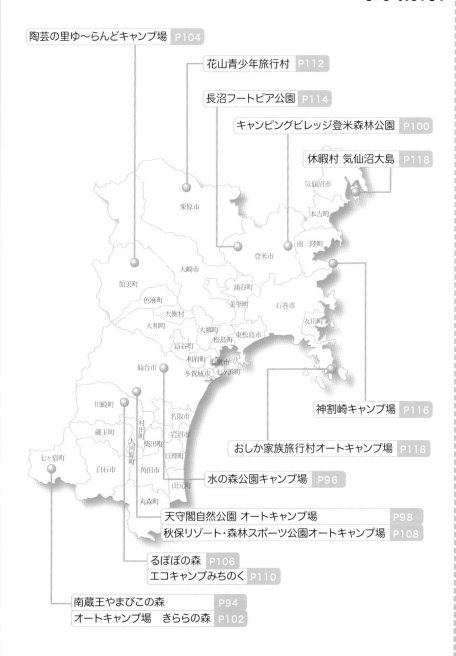

陶芸の里ゆ〜らんどキャンプ場 P104

花山青少年旅行村 P112

長沼フートピア公園 P114

キャンピングビレッジ登米森林公園 P100

休暇村 気仙沼大島 P118

神割崎キャンプ場 P116

おしか家族旅行村オートキャンプ場 P118

水の森公園キャンプ場 P96

天守閣自然公園 オートキャンプ場 P98

秋保リゾート・森林スポーツ公園オートキャンプ場 P108

るぽぽの森 P106

エコキャンプみちのく P110

南蔵王やまびこの森 P94

オートキャンプ場　きららの森 P102

気仙沼市
本吉町
南三陸町
栗原市
大崎市
登米市
加美町
涌谷町
色麻町
美里町
石巻市
大衡村
大郷町
女川町
大和町
大松島町
東松島市
富谷町
利府町　塩竈市
仙台市　多賀城市　七ヶ浜町
川崎町
村田町
名取市
蔵王町
柴田町
岩沼市
七ヶ宿町
大河原町
角田市
亘理町
白石市
山元町
丸森町

宮城県

南蔵王やまびこの森

みなみざおうやまびこのもり
アウトドア　https://7kashuku.jp/yamabikonomori/

管理棟　24時間管理　トイレ　シャワー　ランドリー　食事処　売店　自販機　炊事棟　BBQ　夜間照明　ドッグラン　Wifi

サイトプロフィール

個性豊かなテントサイトからお好きなスタイルをチョイス！ スタッフが24時間常駐している。

予約・問い合わせ

☎0224-37-2134

Tellにて予約希望日の前日まで受付

▲サイトは7つのみ。まるでプライベートキャンプ場！

▲木々に囲まれた広々としたスペース。

▲ BBQの備品も充実！食材（調味料）は各自持参。

総サイト数	7
オートキャンプサイト	なし
テントサイト	7区画
キャンピングカーサイト	なし
その他	なし

雄大な自然の中で、本格的なキャンプが楽しめる

　蔵王連峰の麓、蔵王国定公園内にある。川遊びや山登り、長さ120mのつり橋を渡り、1周1時間ほどの長老湖へのトレッキングコースなど、気軽にアウトドアを楽しむことができる。2020年に総リニューアルされ、個性豊かな7つのテントサイトから好みのスタイルを選んで楽しめるキャンプ場に。キャンプギア基本セットは全て用意されており、テントの設営などはスタッフが丁寧にアドバイスしてくれる。手ぶらで本格的なキャンプが体験でき、全てレンタルなので寝具の洗濯なども不要。初心者にはぜひおすすめしたいキャンプ場だ。晴れた日の夜には満天の星空も堪能できる。

利用条件
花火
OK。打ち上げ禁止。手持ちのみ。
焚火
OK。器具使用にて可。
ペット
2区画あり。リード必須。
ゴミ
あり。指定の袋を購入。

キャンプファイヤーもできる広場。

ペットにふんわり布団を設置！

プレイスポット

　自然の豊かな雑木の森の中の気持ちの良いキャンプ場。テント専用サイトは木々に囲まれ雰囲気がよく、施設もきれいに管理されているので気持ちよく過ごせる。湧水が湧く場内には小川が流れ水遊びもできる。近くの長老湖へつり橋を渡るトレッキングコースがあり、ハイキングにも最適。周囲2kmの長老湖では、湖畔の遊歩道散策やボート遊び、釣りなどが楽しめる。

売店・買い出し・食事

車で10分ほどのところにカフェレストランと図書コーナーを兼ね備えた「Book&Cafe こ・らっしぇ」あり。（開館時間9：00～18：00/ 火曜休）ランチタイム、カフェタイムにさまざまなメニューあり。キッズスペースも設置されている。コンビニもあり。

レンタル用品

キャンプギア基本セット（ベッド・シュラフ・ランタン・テーブル・チェア・調理セットなど）は料金内に含まれているので手ぶらでOK。懐中電灯やお風呂セットなどは持参しよう。

車で10分ほどのところに姉妹施設である「wood & Spa や・すまっしぇ」があり、1泊につき1回入浴ができる利用券を人数分配布してくれる。

ワンポイントアドバイス

管理棟付近には湧き水があり、コーヒーが格別になるとか…無料なので試してみては。車を走らせないと近くにお店などはないので、必要なものは全部持参していこう。

Infomation

所在地	宮城県刈田郡七ヶ宿町字上の平29
利用期間	4月初旬～11月初旬
利用時間	IN 15:00　OUT 10:00
休業日	火・水曜日休業（要確認）
車	東北自動車道白石ICより国道113号を七ヶ宿方面へ約40分
駐車場	あり（70台）無料

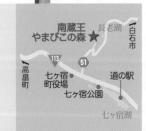

南蔵王やまびこの森 ★
長老湖
白石市
113
51
高畠町
七ヶ宿町役場
道の駅
七ヶ宿公園
七ヶ宿湖

水の森公園キャンプ場

みずのもりこうえんきゃんぷじょう

| 管理棟 | 24時間管理 | トイレ | シャワー | ランドリー | 食事処 | 売店 | 自販機 | 炊事棟 | BBQ | 夜間照明 | ドッグラン | Wifi |

サイトプロフィール

ファイヤーピットを中心に、テントサイトは14区画あり、広さは1区画7m×7m。フィールドは土や草地となっている。管理人は夕方まで常駐するが、夜間は不在で警備会社による巡回となる。

▲テントサイトの広さは1区画7m×7m。

予約・問い合わせ

☎022-773-0496

3月1日よりTelまたは現地にて利用日の2ヵ月前の同日～
受付9:30～16:30

▲デイキャンプ、宿泊棟利用と共同の炊事棟。

▲リーズナブルな価格で宿泊ができる宿泊棟。

総サイト数	34(デイキャンプ20含む)	
オートキャンプサイト	AC電源あり	なし
	AC電源なし	なし
テントサイト	AC電源なし14区画	
キャンピングカーサイト	なし	
その他	宿泊棟1棟、デイキャンプサイト20区画	

🏕 仙台の中心部から近く、交通も便利

　大きなふたつの溜め池を中心に、緑が広がる静かな雰囲気の中でアウトドアが楽しめる。デイキャンプ専用のサイトもあり、ピクニック気分で気軽に楽しむのには絶好の場所だ。

　テントサイトは、デイキャンプサイトの奥に進んだところにあり、車の乗り入れはできない。駐車場から台車で荷物を運ぶが、舗装されたきれいな道路で、距離も短く、不便さを感じない。炉と流しが各12カ所設置された炊事棟やトイレは、デイキャンプ、宿泊棟と共同になるが、きれいに管理されているので、初心者でも安心。立地も良く、近場でお試しキャンプや小さな子連れキャンプにはぴったりの場所だ。

利用条件

花火
敷地内ではできません。

焚火
器具使用にてOK。
芝を傷めないこと。

ペット
リード必須にてOK。
マナーを守ろう。

ゴミ
炊事棟の生ゴミ、灰以外は持ち帰ろう。

自然豊かな池
の周りを散策
しよう。

料金案内

●入場料
なし
●テントサイト（日帰り・宿泊）
1区画/500円
●宿泊棟
専用利用（24人まで）/6,100円
個人利用/1人250円
●デイキャンプ（日帰りのみ）
1区画/500円

小川にいる水
辺の生き物を
見付けよう。

プレイスポット

　緑豊かな園内には、小川が流れ、ボール遊びやバドミントンなど、子ども達が自由に遊べる広場がある。また、アカマツの自然林に囲まれた三共堤と丸田沢堤のため池があり、小路を散策しながら、水辺の生き物や、森の昆虫、季節の草花など、四季折々に移り変わる自然の姿を楽しむこともできる。

売店・買い出し・食事

敷地内に売店はないが、管理棟にて薪を販売。飲み物は持参するか、自販機を利用しよう。市街地にある公園なので、周辺にはコンビニやスーパーがたくさんあり、食事や食材などの買い出しに困ることはない。但し、19:00以降は駐車場の入場ができなくなるので注意しよう。

レンタル用品

キャンプ用品のレンタルは、何もないので、キャンプに必要なものは持参しよう。用具や燃料などは不足しないよう、準備はしっかりとしておこう。

キャンプ場にあるコインシャワーが利用できる。ほか、周辺にある入浴施設の情報は、管理人さんが教えてくれるので、現地で聞いてみよう。

ワンポイントアドバイス

19:00以降は駐車場のゲートが閉まり、入場が制限されてしまうので注意しよう。夏は虫よけ対策をしっかりとしておくこと。夜間の移動に、懐中電灯などがあると便利。

Infomation

所在地	仙台市泉区上谷刈字堤下8
利用期間	4月1日〜11月30日
利用時間	受付9:30〜・入場10:00〜　OUT9:30 デイキャンプ10:00〜16:00（7月〜9月は17:00まで）
休業日	営業期間中は無休
交通	JR仙台駅より宮城交通バス＜虹の丘団地キャンプ場行＞にて水の森公園 キャンプ場入口下車徒歩10分
車	東北自動車道泉ICより国道4号から県道22号経由で県道37号を約15分
駐車場	あり（103台）無料

泉パーク
タウンGC
泉IC
東北
自動車道
4
35　泉中央駅
八乙女駅
37　★水の森公園
　　キャンプ場

宮城県

アウトドア

天守閣自然公園オートキャンプ場

てんしゅかくしぜんこうえん おーときゃんぷじょう

http://www.akiu.net/sizen/

| 管理棟 | 24時間管理 | トイレ | シャワー | ランドリー | 食事処 | 売店 | 自販機 | 炊事棟 | BBQ | 夜間照明 | ドッグラン | Wifi |

サイトプロフィール

全区画電源付き。サイトフィールドは芝生で、広い庭園に併設されている。サイト間は植栽で区切られているので、ある程度のプライバシーも確保できる。管理人は夜間不在となる

予約・問い合わせ

☎022-398-2111

予約はTelにて。受付10:00〜16:30

▲オートサイトの区画サイズは約100㎡。

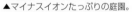

▲マイナスイオンたっぷりの庭園。

▲ジンギスカン山内。

総サイト数	19	
オートキャンプサイト	AC電源あり	19区画
	AC電源なし	なし
テントサイト	なし	
キャンピングカーサイト	長さ制限があるがオートサイトで可	
その他	なし	

天然温泉付きの美しい日本庭園を散策

　大自然と調和した美しい日本庭園を持つ天守閣自然公園内にあるキャンプ場。24万㎡の広大な敷地の中には、四季折々の草花や渓石、錦鯉が泳ぐ池、無料で入れる足湯などがあり、落ち着いた雰囲気だ。サイトは19画区のみだが、サニタリーや炊事をはじめ、露天風呂の付いた温泉などの施設もある。隣接の「木の家 ロッジ村」には、益子、笠間焼き中心の陶器やガラス器などの商品が置かれた「うつわ館」や、本格的木造りの「珈琲館」もあり、散策をしながら立ち寄るのに丁度よい。清々しい自然の中、優雅な気分でアウトドアを過ごしてみよう。夜は満天の星空を眺めながら、露天風呂の温泉で癒されよう。

利用条件

花火
敷地内での花火は禁止。

焚火
NG。残念ですができません。

ペット
ごめんなさい。
おうちでお留守番してね。

ゴミ
分別して指定場所へ。

料金案内

●入場料（宿泊）
大人（中学生以上）1,000円、
小人（4歳以上）500円
●オートキャンプサイト
1区画/3,500円
●デイキャンプ
1区画/1,750円　※車は1区画1台

渓流の河川でいも煮会や BBQ を楽しもう。

夜間、宿泊者専用の天然温泉の施設「鹿乙の湯」。

プレイスポット

　四季折々の草木花が咲き誇る、1500m の自然遊歩道や、回遊式の日本庭園をのんびりと歩いてみよう。隣接のロッジ村エリアでは、テニスなどのスポーツや、河川敷でバーベキューやいも煮会が楽しめる。また、川遊びもできるが、保護者同伴で、子どもだけで遊ばないように十分に気を付けること。

売店・買い出し・食事

敷地内にある「木の家珈琲館」では木の家弁当、「そば処市太郎」では天ぷら定食などが味わえる。車で3分ほどのところに、コンビニやスーパーがある。ほか、周辺には地元商店街が点在する。

レンタル用品

レンタルの扱いはないので、必要なキャンプ用品は全て持参しよう。忘れ物がないよう再度確認すること。また、ガスや炭などの燃料系は、不足しないよう少し多めに準備しておこう。

宿泊者専用は無料で利用できる露天温泉がある（17:00〜不定時）。また、公園内にある日帰り温泉「市太郎の湯」は入場券で割引になる。

ワンポイントアドバイス

宿泊者または「市太郎の湯」利用者は、天守閣自然公園の入場が無料になる。また、アウトドア料理も良いが、カフェでゆったりランチもおすすめ。夏は虫よけ対策も忘れずに！

Infomation

所在地	宮城県仙台市太白区秋保町鹿乙 12-1
利用期間	4月〜11月（宿泊は 10月中旬まで）
利用時間	IN15:00　OUT10:00 デイキャンプ 10:00〜14:50
休業日	月曜日〜木曜日（GWおよび7月20日〜8月31日を除く）
交通	JR仙台駅より宮城交通バス＜秋保温泉方面行き＞ 秋保温泉湯元下車徒歩20分
車	東北自動車道仙台南ICより国道286号を山形・秋保方面へ約15分
駐車場	各サイトにあり（大型不可）

キャンピングビレッジ登米森林公園

きゃんぴんぐびれっじとめしんりんこうえん

アウトドア

https://www.forest100.jp/camp/index.html

 管理棟
 24時間管理
 トイレ
 シャワー
 ランドリー
 食事処
 売店
 自販機
 炊事棟
 BBQ
 夜間照明
 ドッグラン
 Wifi

サイトプロフィール

木々に囲まれた芝生のサイトには、木製の土台が設置され（約幅3.6m×奥行3.5m）、標準の大きさのテントが設営できるようになっている。管理人は24時間常駐。

予約・問い合わせ

☎ **0220-52-3482**

または

0220-52-2075 （登米町森林組合）

Tel、HPより随時受付

▲オートサイトのデッキの広さは3.6m×3.5m。

▲フリーテントサイト。

▲山の別荘のようなコテージ。

総サイト数	35	
オートキャンプサイト	AC電源あり（共用）	12区画
テントサイト	20張	
キャンピングカーサイト	AC電源あり（共用） 3区画	
その他	コテージ5棟	

🏕 静かな山間に広がる森林公園内にあるキャンプ場

　山奥の林道を登りきると、センターハウスや炊事棟があり、オートサイトのキャンプ場は、もう1段坂を上がった一番上にある。サイトには、共用電源とデッキが設置され、設備も充実している。付近にお店がないので、食材など必要なものは持参すること。園内には木製遊具があり、子ども達も十分に楽しめる。また、森林公園を含む周辺エリアは、宮城県初の「森林セラピー基地」として認定されているので、森の遊歩道を歩いて心も体もリフレッシュしよう。デイキャンプは、食材と食器を用意すればOKの「BBQ」や「いも煮」セット（各4人用1,500円）がある。テーブルから炭や薪、洗剤、ゴミ袋まで、資材一式がセットになっているので便利だ。

利用条件

花火
駐車場にて、手持ちのみOK。

焚火
器具使用。
芝を傷めないこと。

ペット
NG。おうちでお留守番してね。

ゴミ
1袋100円で引き取りあり。

なだらかな斜面に
点在する木製遊具。

料金案内

●入園料（1日当たり）
大人（高校生以上）200円・小人（小中学生）
100円・幼児無料
●オートキャンプサイト 車1台
1区画/1,500円
●テントサイト
フリーサイト1張/500円
●キャンピングカーサイト 車1台
1区画/1,500円
●コテージ 1泊
1棟/6,000円
●デイキャンプ
1区画/250円〜750円

プレイスポット

　木製遊具のある「ちびっこ広場」など子ども達が遊べる施設がある。公園周辺の散策路「森林セラピーロード」は全8コースあり、ノルディックウォーキングなどが楽しめる（レンタルあり）。清流の場所は森林公園の管理人に尋ねてみよう。子どもからは目を離さないよう、十分に気をつけて。

売店・買い出し・食事

買い出しや、食事は車で30分ほどのところにある登米町内で。付近にお店はないので、必要なものは準備していこう。食材を持参してアウトドア料理を味わおう。

レンタル用品

管理棟にて・テント1,000円・テーブル500円・BBQ コンロ700円（炭付）・芋煮会なべ500円（薪付）・ノルディックウォーキングポール（500円）・いも煮会、BBQ セット各1,500円など。

「森林セラピーロード」は全8コース。

車で60分（25km）のところに、風情ある山深い峠の一軒宿「追分温泉」があり、日本でも珍しいかやの木を使った風呂に入浴ができる。300円（10:00〜19:00）

ワンポイントアドバイス

平地と比べると2〜3度気温が低くなるので、避暑地にも最適。施設へ向かう林道は狭いので、運転には気を付けよう。

Infomation

所在地	宮城県登米市登米町大字日根牛上羽沢 158-23
利用期間	4月下旬〜10月
利用時間	IN 10:00 OUT 10:00 デイキャンプ 9:00 〜 16:30
休業日	月曜日（GW、8月は無休）
交通	JR 仙台駅より高速バス＜とよま明治村行き＞終点下車、タクシーで約20分
車	三陸自動車道登米 IC より県道 36 号線を登米町方面へ、県道 172 号線を南三陸方面へ約 30 分
駐車場	有（20 台）無料

米谷1
342
登米森林公園 ★
北上川
看板
登米病院 登米中 看板
登米大橋
国道45号

オートキャンプ場きららの森

おーときゃんぷじょう きららのもり

アウトドア

http://www015.upp.so-net.ne.jp/ski-ski/

 管理棟
 24時間管理
 トイレ
 シャワー
 ランドリー
 食事処
 売店
 自販機
 炊事棟
 BBQ
 夜間照明
 ドッグラン
 Wifi

サイトプロフィール

サイトフィールドは芝や草地。オートサイトは電源と水道が付いている。ペグはプラステック、スチールが使用できる。管理人の駐在は8:00〜21:00となる。

予約・問い合わせ

☎**0224-37-3111**

Tellにて宿泊日の2ヵ月前の1日〜当日まで
受付8:00〜17:00

▲ Aクラスサイト70㎡、Bクラスサイト56㎡、フリーサイト5000㎡以上。

▲別荘のようなコテージでのんびりと。

▲晴れた日の夜は満天の星空が見られる。

総サイト数	35	
オートキャンプサイト	AC電源あり	15区画
	AC電源なし	なし
テントサイト	フリーサイト20張	
キャンピングカーサイト	なし	
その他	コテージ7棟	

みやぎ蔵王山麓の爽やかな高原

キャンプやスキーなど、オールシーズンアウトドアが楽しめる施設。グリーンシーズンにオープンするキャンプ場は、全区画に電源、水道、ポーチ灯が設置されているオートサイトと、区画がなく広々と使えるフリーサイトがある。オートサイトは、大きめのテントが設営できる、区切りのない広々としたAクラスが人気だが、サイト間の距離を取りたい場合や、子どもやペット連れの家族にはBクラスもおすすめだ。もちろん、標準タイプの設置なら十分な広さがある。区画によりロケーションが変わるので、目的に合わせて選ぼう。また、サニタリーや炊事棟などの設備も掃除が行き届いているので、使用しやすい。森の中で、大自然を心ゆくまで楽しもう。

利用条件

花火
打ち上げ禁止。手持ちのみ。

焚火
器具使用にてOK。
芝を傷めないこと。

ペット
リード必須。コテージは禁止。

ゴミ
持ち帰りが基本。処理有料。

水がきれいなこ
とでも知られる
七ヶ宿町。

プレイスポット

自然いっぱいの場内では、木登りや小川での水遊びなど
が楽しめる。夏は水遊びをかねて、ニジマスのつかみど
りにチャレンジしてみよう（実施期間や時間、料金など
は要問い合わせ）。木々に囲まれた大自然のなかで、ア
ウトドアを満喫できるキャンプ場。

売店・買い出し・食事

歯ブラシなどの日用品や飲料類、キャンピングガス、カセットボンベ、
ホワイトガソリン、木炭、着火剤、薪などを販売。ほか、レストラ
ンも完備。買い出しは、新鮮野菜や山菜が購入できる直売所へは車
で5分ほど、車で10分ほどの距離にファミリーマートがあるので
便利。

レンタル用品

ドームテント、ヘキサタープ、焚火台、バーベキューセットなど、
レンタル用品は充実。

せせらぎ川で
魚つかみどり
体験（7～9月）。

山形の湯沼温泉、駅の構内にある高畠駅太陽
館、白石湯沢温泉や小原温泉など、車で25分
のエリアに入浴施設が沢山ある。

ワンポイントアドバイス

チェックインの時間は、キャン
プ場13:00～、ログキャビン
13:00～、コテージ15:00～。
チェックアウトはキャンプ場11:
00、ログキャビンとコテージは
10:00。

Infomation

所在地	宮城県刈田郡七ヶ宿町字侭の上129
利用期間	4月末（GW）～10月末日
利用時間	IN13:00　OUT11:00
休業日	営業期間中は無休
交通	JR白石蔵王駅よりミヤコ交通バス＜関開発センター行き＞ 終点乗換町営バスにて七ヶ宿スキー場下車
車	東北自動車道白石ICより国道4号経由国道113号を 山形方面へ約45分
駐車場	あり　無料

体験

陶芸の里ゆ〜らんどキャンプ場

とうげいのさとゆ〜 らんどきゃんぷじょう

http://www.u-land.jp/

管理棟　24時間管理　トイレ　シャワー　ランドリー　食事処　売店　自販機　炊事棟　BBQ　夜間照明　ドッグラン　Wifi

サイトプロフィール

オートサイトのサイト間は、木で区切られた土と砂利のフィールド。フリーサイトは芝生となっている。受付、管理は温泉交流センターのフロントにて。管理人は夜間不在。

予約・問い合わせ

☎**0229-69-6600**

Tellにて3ヵ月前〜当日まで
受付9:00〜20:00

▲オートサイトは7m × 8m。せせらぎの音を聞きながらキャンプを楽しもう。

総サイト数	36	
オートキャンプサイト	AC電源あり	1区画
	AC電源なし	6区画
テントサイト	フリーサイト20張	
キャンピングカーサイト	なし	
その他	コテージ・バンガロー5棟	

▲温泉施設の一角にあるキャンプ場。

▲テニスで爽やかな汗をかこう。

静かな山里にあるキャンプ場

　温泉や宿泊施設、陶芸の体験ができる広い施設内にあり、アミューズメントが楽しめるアウトドア施設となっている。オートサイトは川側にあり、階段を下りると沢へ出られるようになっている。浅瀬なので、子どもが水遊びをするのにも最適だ。フリーサイトは車の乗り入れができず、簡易な水場はあるものの、炊事場、トイレまでは少し歩くので、少々不便さを感じることがある。しかし、芝の上で広々としたスペースを確保し、ゆったりとすることができるという魅力も捨てがたい。

　また、設備の整った温泉施設には、水着着用の温水プール「ゆ〜ルーム」（冬期閉鎖）もあり、家族で楽しむことができる

利用条件

花火
手持ちのみ、川原でOK

焚火
器具使用にてOK。
火の始末には注意

ペット
ごめんなさい。
おうちでお留守番してね

ゴミ
すべて持ち帰ろう

陶芸教室で思い出の作品を作ろう。

料金案内

●入場料
無料
●オートキャンプサイト　車1台・テント・タープ 1張ずつ
1区画/2,200円
●テントサイト
フリーサイト1 張/1,100円
●コテージ1泊・4人まで
1棟/11,000円～
●デイキャンプ
1張/550円～1,100円

宿泊のできる温泉施設もあり。

プレイスポット

土から作る「手びねりコース」や、素焼きに絵を付ける「絵付けコース」がある陶芸体験教室に参加してみよう（予約制）。また、テニスや木製遊具などで遊んだり、遊歩道をのんびりと歩いてみたりと、自然を満喫しながら、のびのびと遊ぼう。夏は川で水遊びができるので、着替えを持っていこう。

売店・買い出し・食事

温泉施設内にお食事処があり、麺類や丼ものなどのメニューが味わえる（11:00～14:00・16:00～18:30、時間外の朝、夕食は予約制）。買い出しは、車で10分ほどのところに生鮮食品が揃う地元スーパーがある。

レンタル用品

キャンプ用のレンタル品はないので、必要なものは全て準備し、持参しよう。忘れ物が無いよう再度チェックをしておき、不足のものは、買い物をしてから出かけよう。

敷地内にある温泉施設は、サウナ、フィットネスルーム、休憩のできる大広間などを備えている。温水プールもあるので、水着を持参しよう。

ワンポイントアドバイス

テニスコート、陶芸体験は予約が必要となるので、利用の際は忘れずに連絡しよう。温水プール「ゆ～ルーム」は水着着用となっているので、忘れずに持参しよう。

Infomation

所在地	宮城県加美郡加美町宮崎字切込 3-2
利用期間	4月上旬～11月末
利用時間	IN14:00　OUT11:00
	デイキャンプ 11:00～17:00
休業日	第2、4月曜（祝日の場合は翌日）
交通	JR古川駅より宮城交通バス＜上町行き＞で約50分
車	東北自動車道古川ICより国道347号を加美町方面へ県道262号を西へ約50分
駐車場	あり（100台）無料

るぽぽの森

るぽぽのもり

スポーツ

http://www.rupopo.org/

管理棟　24時間管理　トイレ　シャワー　ランドリー　食事処　売店　自販機　炊事棟　BBQ　夜間照明　ドッグラン　Wifi

サイトプロフィール

管理棟に近いAサイトと、川に近いBサイトに分かれている。夜間照明は数が少ないので注意を。管理人は「るぽぽかのわさぎ」営業時間内で駐在。

▲自然を満喫できるキャンプ場。

予約・問い合わせ

☎0224-84-6611

予約はwebにて1ヵ月前より受付

▲宿泊・入浴のできるセンターハウス。

▲BBQも楽しめる。

総サイト数	47	
オートキャンプサイト	AC電源あり	12区画
	AC電源なし	20区画
テントサイト	15区画	
キャンピングカーサイト	なし	
その他	宿泊施設あり	

手軽に蔵王山麓の豊かな自然を体験できる

　センターハウスは芯まで温まる大浴場がある。近くには渓流があり、夏でも水がかなり冷たいせいか、サイトより涼しく感じられる。流れる川で、スイカや飲み物を冷やしておくのも、アウトドアならではの楽しみ方だ。ヤマメやイワナなどの川魚も泳いでいるので、晩のおかずがゲットできることを期待して、渓流釣りに挑戦してみては。周囲を山に囲まれ、川の流れる音を聞きながら、のんびりと過ごすことができる。観光スポットも近く、旅の中継地点に利用するキャンパーも多い。

利用条件

花火

OK。手持ちのみ。指定の場所にて。

焚火

OK。器具使用にて可。

ペット

指定サイトのみリード着用にてOK

ゴミ

引き取り無料（1袋）

12月からはウィンターシーズンとしてスノーキャンプも楽しめる。

料金案内

●施設使用料
大人（中学生以上）500円、小学生300円、幼児無料
●電源付オートサイト
1区画/3,900円
●電源無オートサイト
1区画/2,900円
●フリーサイト
1張/2,500円
●デイキャンプ
1,500円〜

夏はサイトからすぐの清流で、川遊びが楽しめる。

プレイスポット

　キャンプ場のすぐそばを流れる川で渓流釣りが楽しめる。夏は子どもの水遊びにもちょうどいい。秋には飛び交うトンボを追いかけたり、山を散策したりと、自然の中で遊ぼう。近隣には「みちのく湖畔公園」や、少し足を延ばせば、蔵王国定公園にある有名な「御釜（おかま）」などの観光スポットもある。

売店・買い出し・食事

評判の手打ちそばが味わえる。夏期限定の冷やしそば・うどん（各700円）などのメニューも。売店では、炭1kg300円、お菓子、お土産などを販売。味噌ラーメンが有名な「渓流」へは車で2分、コンビニ、スーパーへは車で10分ほど。

レンタル用品

ドーム型テント（マットセット）4,000円、寝袋・マットセット1,000円、BBQコンロ1,000円、ランタン（LEDタイプ・電池付き）500円など。デイキャンプも同料金。

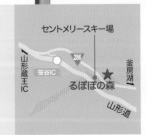

週末は敷地内にある「るぽぽかわさき」の大浴場で入浴ができる（10:00〜21:00）。露天風呂のある旅館「一乃湯」へは、車で2分ほど。

ワンポイントアドバイス

渓流で飲み物を冷やす場合は、袋やゴミが流れていかないよう注意しよう。
キャンプ宿泊者は、入浴料が無料になる。

Infomation

所在地	宮城県柴田郡川崎町大字今宿小屋沢山39
利用期間	通年
利用時間	IN 13:00〜　OUT 12:00 デイキャンプ 9:00〜17:00
休業日	不定休
車	山形自動車道笹谷ICより国道286号を仙台方面へ約2分 （国道286号沿いに看板設置）
駐車場	あり（30台）無料

セントメリースキー場
山形蔵王IC
笹谷IC
286
釜房湖
るぽぽの森
山形道

秋保リゾート・森林スポーツ公園オートキャンプ場

あきうりぞーと・しんりんすぽーつこうえん おーときゃんぷじょう

http://www.h-crescent.co.jp/

スポーツ

管理棟　24時間管理　トイレ　シャワー　ランドリー　食事処　売店　自販機　炊事棟　BBQ　夜間照明　ドッグラン　Wifi

サイトプロフィール

木立に囲まれたオートサイトのフィールドは土。ファミリーキャンプ場には常設テントがあり、初心者や女性だけのグループでも、気軽にキャンプ体験ができる。管理人は24時間常駐。

予約・問い合わせ

☎**022-398-2345**

Tellにて1年前〜当日まで
受付9:00〜17:00

▲オートサイトの平均は5m×5m。常設テントもあり。

▲1000mの地底から湧き出る100％天然温泉。

▲手軽なバーベキューガーデン。

総サイト数	50	
オートキャンプサイト	AC電源あり	なし
	AC電源なし	40区画
テントサイト	常設テント3張	
キャンピングカーサイト	AC電源なし10区画	
その他	なし	

🏕 森に囲まれた自然の中でキャンプ

　アウトドアとインドアスポーツ、キャンプ、バーベキュー、グルメが楽しめる、レジャー機能を備えた総合スポーツパーク。広い園内には、オートキャンプ場、ファミリーキャンプ場、第2オートキャンプ場に分かれ、炊事棟や炊事用のかまど、水洗トイレなど、キャンプライフの設備が整っている。天然の露天風呂温泉や手軽にBBQが味わえるバーベキューガーデン、手ぶらでもOKのいも煮会など、様々な施設もあり、スポーツをしながらゆっくりと寛げる公園だ。キャンプライフを存分に楽しんだ帰りは、ホテルクレセントの温泉でサッパリと汗を流し、落ち着いてランチを頂くプランもおすすめ。

利用条件

花火
敷地内での花火は禁止。

焚火
器具使用にてOK。
火の始末には注意。

ペット
管理をしっかりすれば可。

ゴミ
分別して指定場所へ。

料金案内

●管理料
大人 (中学生以上) 1,260円〜、
小人 (4歳以上) 740円〜、幼児無料
●オートキャンプサイト,車1台
1区画/2,200〜3,250円
●テントサイト
1張/1,680円 常設テント10人用/11,000円
●デイキャンプ
1張/1,680円〜

> 乗馬体験や引き馬体験が小さな子でも楽しめる。

> 小さな子どもから遊べる遊具もあるよ。

プレイスポット

　遊具が点在する「太陽の広場」や乗馬クラブ「ベルステーブル」、テニスやアーチェリー、夏期のみ OPEN する屋外プール、総合体育館でバスケットボールやバレーボール、卓球、バドミントンなどのインドアスポーツも楽しめる。また、いも煮から大運動会まで、大人数のイベントにも対応してくれる。

売店・買い出し・食事

炭、薪、ガス、ホワイトガソリン、アルコール、飲料などを販売。ラーメン、うどんが味わえるレストランや屋外 BBQ が楽しめるバーベキューガーデンもある。買い出しは、車で5分のところにあるコンビニやスーパーへ行こう。

レンタル用品

レンタルは管理棟で取り扱っている。ランタン (電池付き) 700円、毛布1枚550円、鍋・小420円、中640円、バーベキュー用台1,540円などのレンタル品がある。

クラブハウス内に、湯量の豊富な天然温泉の露天風呂と大浴場がある。たくさん遊んだ後は、温泉に入り、ゆったりと疲れを癒そう。

ワンポイントアドバイス

オートキャンプ宿泊者は、サイト料金に温泉料金がセットになっている。様々なスポーツが楽しめる公園なので、動きやすい服装と靴で出かけよう。また、小さな子は着替えを多めに準備しておこう。

Infomation

所在地	宮城県仙台市太白区秋保町湯元字青木 33-1
利用期間	4月 (GW) 〜9月末
利用時間	IN14:00 OUT12:00
休業日	第2、4火曜日
交通	JR仙台駅より宮城交通バス<秋保森林スポーツ公園行> 秋保森林スポーツ公園下車
車	東北自動車道仙台南ICより国道286号を秋保温泉方面へ約15分
駐車場	あり (200台) 無料

秋保リゾート・森林スポーツ公園 ★ オートキャンプ場

湯元小　秋保温泉入口
仙台南IC
62
釜房湖
256
グレースリッジCC

エコキャンプみちのく

えこきゃんぷみちのく

スポーツ　http://www.michinoku-park.info/camp/

| 管理棟 | 24時間管理 | トイレ | シャワー | ランドリー | 食事処 | 売店 | 自販機 | 炊事棟 | BBQ | 夜間照明 | ドッグラン | Wifi |

サイトプロフィール

オートサイトは、A～Cの広さがある。2家族やグループ用のAサイトはテーブル、イス、かまど、流し台、電源が設置。壮大な芝生のフリーサイトもある。管理人は24時間常駐。

予約・問い合わせ

☎0224-84-6633

Tellにて3ヵ月前～利用日前日まで。
受付9:00～17:00、HPは4日前まで24時間受付。

▲湖が見渡せるフリーサイト。

▲緑にとけこむコテージ。写真は高齢者用（バリアフリー）。

▲Aサイト12人用。Bサイト8人用、Cサイト6人用もあり。

総サイト数	149	
オートキャンプサイト	AC電源あり	69区画
	AC電源なし	なし
テントサイト	フリーサイト80張	
キャンピングカーサイト	オートサイト内Aクラスの15サイトが対応	
その他	コテージ30棟	

⛺ 美しい蔵王連峰を背景に、釜房湖に広がる公園内

　「国営みちのく杜の湖畔公園の一角にある水と緑に恵まれたキャンプ場。充実した設備と豊かな自然の中で、快適なアウトドアライフが過ごせるおすすめの場所だ。オートキャンプサイトとフリーテントサイトがあり、各サイトのエリアごとに、シャワー棟、トイレ棟、炊事棟が設置され、場内には無料で入れる温泉棟もある。設備は、全てログ調で統一され、どのクラスも炊事棟のシンクは広く、BBQコンロ専用の洗い場も別に設置されている。サニタリーも含め、場内の施設はどこも清潔に保たれているので、ビギナーや女性でも安心して使用できる。各種レンタル品も充実しているので、手ぶらでキャンプを体験してみるのみいい。

利用条件

花火
打ち上げ禁止。指定場所で手持ちのみOK。

焚火
器具使用にてOK。芝を傷めない事。

ペット
リード着用で、ペットサイト内のみ。

ゴミ
分別して指定の場所へ。

広々とした
芝生広場の遊具で
遊ぼう。

料金案内

●入場料
大人 (15 歳以上) 760円、小人 (小・中学生) 120円、シルバー (65 歳以上) 510 円、幼児無料
●オートキャンプサイト 6〜12人まで
1区画/3,150 円〜5,250円
●テントサイト
1張/1,600 円
●コテージ1泊・6人〜14人
1棟/15,750円〜36,700円
●デイキャンプ
1区画/サイト料金の半額

プレイスポット

　遊具や芝生の広場、夏場は管理棟前の「ちゃぷちゃぷ池」で水遊びなどが楽しめる。木工教室、アウトドア教室、草木染体験会など、営業期間の土日には各種イベントを開催している。第2、4土曜、GW に行われるキャンプファイヤーは人気だ。※2021年2月現在休止。

売店・買い出し・食事

売店では、日用品や飲み物類、お菓子、炭、薪、ホワイトガソリン、プラペグ、マントル、テント用自在付ロープなどを販売。最寄りのお店は、車で10分ほどのところに、コンビニやスーパーなどがあり、買い忘れなどの時には便利。

レンタル用品

テント (6人用) 3,100円、タープ1,550円、毛布・シュラフ各510円、BBQコンロ820円、テーブル510円、イス、キャンピングマット各310円、ガスランタン820円、ほか多数あり (ガス・燃料は別売り)

体験教室やイベントにも参加しよう。

場内に無料で入浴できる温泉棟がある (内風呂16:00〜20:00、露天風呂・休日前16:00〜21:00)。秋保温泉へは車で20〜30分。※2021年2月現在休止

ワンポイントアドバイス

入場は風の草原料金所より。閉園後は、暗証番号を入力してゲートを出入りとなる。利用者以外は出入りができないので、夜も安心して楽しむことができる。また、コテージを利用の場合、チェックインは15:00〜となるので、間違わないように。

Infomation

所在地	宮城県柴田郡川崎町大字川内字向原 254 番地
利用期間	4月1日〜11月30日
利用時間	IN14:00〜18:00　OUT8:00〜11:00　デイキャンプ 9:30〜17:00
休業日	火曜日 (月曜日の宿泊は可能) ※ 但し、4月〜6月第3月曜日、7月第3水曜日〜10月の期間は無休。
交通	JR 仙台駅西口よりよりタケヤ交通 秋保・川崎・仙台西部ライナーでみちのく公園下車
車	山形自動車道宮城川崎 I C より国道 286 号線を仙台方面へ約 10 分
駐車場	あり (40 台) 1台510円

仙台市
マグノリアCC
川内小
エコキャンプ★
みちのく
釜房湖
みちのく公園
宮城川崎IC
山形道
村田JCT

花山青少年旅行村

はなやませいしょうねんりょこうそん

水あそび

http://hytv.jp/

管理棟	24時間管理	トイレ	シャワー	ランドリー	食事処	売店	自販機	炊事棟	BBQ	夜間照明	ドッグラン	Wifi

サイトプロフィール

サイトはフリーとなっており、自由に設営することができる。湖畔の景観と夜空がおすすめ。

予約・問い合わせ

☎0228-56-2101

受付　8:30〜17:30
＊利用期間以外は(株)ゆめぐり温湯
(ぬるゆ)山荘
0228-56-2040へ。

▲自由に設営することができるフリーサイト。

▲カヌーも楽しめる。

▲雨の日にも嬉しい屋根付きの炊事場。

総サイト数	116	
オートキャンプサイト	電源あり	なし
	電源なし	自由に設営できるフリーサイト
テントサイト	自由に設営できるフリーサイト	
キャンピングカーサイト	専用区画はないがオートキャンプサイトで可	
その他	コテージ8棟 常設テント5張	

🏕 花山湖畔の美しい自然環境を生かしたプレイゾーン

　周囲11キロメートルの人造湖、花山湖に隣接するキャンプ場。豊かな自然環境のもと、春は家族やグループのレクリエーションに、夏は釣りや船遊びや、学校や職場のキャンプ場として、そして秋は、湖面に映える紅葉にひたりながら、「いも煮会」の場としても、多くの人々に親しまれている。場内には、オートサイトの他、コテージや常設テントなどがあり、炊事場、シャワー室、集会室も完備。カヌーやテニス、フットサルなどのスポーツや、釣り、山菜採りなども楽しめる。近くには、花山(華山)寺跡や、国の史跡に指定されている仙台藩花山村寒湯(ぬるゆ)番所跡などがあり、観光の拠点としてもおすすめ。上流にある湯浜温泉に立ち寄って疲れを癒すのもいい。

利用条件

花火
OK。打ち上げ禁止。手持ちのみ。

焚火
OK。ファイヤーサークルあり。

ペット
リード必須。コテージ・常設テント内は禁止。

ゴミ
あり。指定の場所へ。

テニスコートで
汗を流そう。

料金案内

●入村料（1日）
大人（高校生以上）180円
小人（中学生以下）120円
●車両進入料（1台1泊）
普通車/1,500円
オートバイ/600円
●テントサイト（5人用）
1張/テントorタープ600円
●常設テント（6人用）
1張/4,000円
●コテージ/13,500円〜
●デイキャンプ/350円〜

プレイスポット

　湖面きらめくレイクサイドで、心と体をリフレッシュ。テニスや野球、フットサルなどのアクティブなスポーツで体を動かそう。ヘラブナ、イワナ、ヤマメ、ハヤ、ニジマス、サクラマス、ワカサギといった魚類の宝庫の花山湖は、釣りを楽しんだり、水遊びやカヌー、ウィンドサーフィンなどにも最適。30人収容できる集会テントが5張あり、雨の日のBBQも可能。

売店・買い出し・食事

必需品については、管理交流棟内の売店で販売している。旅行村から1キロ以内に、食材、酒類、ガソリンスタンドがある。

レンタル用品

テント2,000円、タープ1,000円、炊飯用具1点110円、芋煮鍋500円、BBQ鉄板網600円、ランタン500円、テニスコート1時間600円、カヌー1時間1,000円など

ラブラスポートに
のってみよう！

温

キャンプ場から12キロ地点に「花山温泉温湯山荘」があり、日帰り入浴が可能。季節の移ろいを映し出す山々を望み、川のせせらぎや、鳥の囀りを聞きながらの露天風呂は格別だ。入浴可能時間は10：00（火曜11：00）〜18：00。料金は大人510円、小学生300円（混雑時は制限有）。

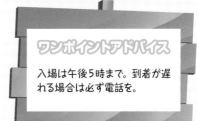

ワンポイントアドバイス

入場は午後5時まで。到着が遅れる場合は必ず電話を。

Infomation

所在地	宮城県栗原市花山字本沢稲千場 2-1
利用期間	4月1日〜11月15日
利用時間	IN 11：00 OUT 10：00（コテージは10：00） デイキャンプ（日帰り利用）9：00〜17：00
休業日	営業期間中は無休
車	東北自動車道築館ICから国道398号で花山湖へ。県道178号を右折。 築館ICから25km
駐車場	有（270台）

宮城県

長沼フートピア公園

ながぬまふーとぴあこうえん

水あそび

管理棟	24時間管理	トイレ	シャワー	ランドリー	食事処	売店	自販機	炊事棟	BBQ	夜間照明	ドッグラン	Wifi

サイトプロフィール

公園と併設されているキャンプ場の為、遊具やレンタサイクルなどが楽しめファミリーに人気。フリーサイトでも余裕をもって場所が確保でき快適に過ごすことができる。

予約・問い合わせ

☎ **0220-22-7600**

電話にて年度内の予約を受付
（8:30〜17:00）

▲オートサイトのサイズは平均10m×10m。

総サイト数	45	
オートキャンプサイト	AC電源あり	10区画
	AC電源なし	10区画
テントサイト	フリーサイト25張	
キャンピングカーサイト	なし	
その他	宿泊施設なし	

◀▲春のキャンプ場

🏕 本場のオランダ風車が迫力満点の緑豊かな公園

　東京オリンピックの候補地にも選ばれた長沼湖畔に隣接し、自然あふれる広々としたロケーションの長沼フートピア公園。オランダから取り寄せた高さ20mを超えるオランダ風車は、風力のみで稼働する本格派。111mのローラー滑り台やアスレチック遊具があり、併設されたキャンプ場はファミリーキャンパーに人気。電源付き区画オートサイト・芝生広場サイト（車乗入可）・一般フリーサイト（車乗入不可）の3タイプから選べる。施設内には、シャワー室や洗面所・トイレ・コインランドリーがあるサニタリー館、自然にとけこむ木造りの炊飯棟・食事棟が設備されている。市街地から6kmというアクセスで、買い物などにも便利。

利用条件

花火
敷地内では花火は禁止。

焚火
器具使用。
芝を傷めないこと。

ペット
同伴OK。マナーを守ろう。

ゴミ
分別してゴミ捨て場へ。

料金案内

●入場料
大人（高校生以上）300円
小人（小学生以上）200円
幼児無料
●オートキャンプサイト 車1台
1区画/3,500円
●芝生広場サイト
1区画/2,000円
●テントサイト
1張/500円

全長111mの
ローラー
すべり台。

緑の広場にある
木製遊具。

プレイスポット

　緑豊かで四季折々の草花が楽しめる長沼フートピア公園は、入場料・駐車場代も無料。レンタサイクルやアスレチック、県内トップクラスの長さを誇るローラー滑り台などの遊具がある。長沼湖畔の散策も楽しめ、見晴らしが良く広い園内は、人と人との密接も少なく、思い思いに遊ぶことができる。

売店・買い出し・食事

管理棟付近の「ふるさと物産館」にて地元の農産物、特産品などの販売や、軽食がメインになるが食事のできる施設がある。最寄りのお店は、車で15分ほどのところに30軒以上の飲食店やコンビニ、スーパー等がある。

レンタル用品

ＢＢＱコンロ（500円）・貸毛布・椅子・テーブル（各200円）・アルミマット（100円）・焚火用耐火（スパッタ）シート（無料）。

車で5分ほどのところに、食事もでき、ゆったりと寛ぐことができる「長沼温泉ヴィーナスの湯」がある（10:00～20:00/年中無休/0220-23-1126）。

ワンポイントアドバイス

休日は駐車場が混雑するので、時間に余裕を持って出かけよう

Infomation

所在地	宮城県登米市迫町北方天形 161-84
利用期間	3月～12月中旬
利用時間	IN 14:00　OUT 11:00
	デイキャンプ 9:30 ～ 16:30
休業日	公園案内所は 12 月 29 日～ 1 月 3 日
交通	JR 新田駅・瀬峰駅よりタクシーで約 15 分
車	東北自動車道築館 IC より県道 36 号を伊豆沼方面へ約 30 分
駐車場	有（200 台）無料

神割崎キャンプ場

かみわりざききゃんぷじょう

水あそび

https://www.m-kankou.jp/kamiwari-camp/

管理棟　24時間管理　トイレ　シャワー　ランドリー　食事処　売店　自販機　炊事棟　BBQ　夜間照明　ドッグラン　Wifi

サイトプロフィール

海を目の前に、一人でも気軽に利用できるフリーサイトや、車が横付けでき、電源が利用可能なオートサイトなど、用途によって選べる。

予約・問い合わせ

☎0226-46-9221

webまたはTelにて予約可能

▲クルマを横付けできるオートサイト。

▲好きな場所を使える
フリーサイト。

◀高台から海を眺めることができる区画も多い。

総サイト数	70	
オートキャンプサイト	AC電源あり	20区画
	AC電源なし	なし
テントサイト	フリーサイト50張	
キャンピングカーサイト	6m以下ならオートキャンプサイトで可	
その他	キャビン6棟	

太平洋を一望できる岬にあるキャンプ場

　美しい朝日や満天の星空など、幻想的な景色を眺めることができる絶好のロケーション。高台にあるオートサイトには、温水シャワー、水洗トイレなどを備えたサニタリー棟をはじめ、旬の地元食材が味わえるレストラン、観光プラザなど、施設は充実。海側のエリアはテントサイトとなり、広々とした敷地に50張ほどのテントが設営できるようになっている。海にも近く、敷地も広いが、車の乗り入れは荷物の搬入出時のみとなっているので注意が必要。キャンプ場内には温水シャワーがあり、無料で利用できる。

利用条件

花火
コンクリート上のみ可。
打ち上げ禁止。手持ちのみ。

焚火
器具使用にて OK。

ペット
リード必須。管理をしっかりしよう。

ゴミ
分別して指定場所へ。

料金案内

●入場料
小学生以上600円、幼児無料
●オートキャンプサイト
1区画/3,000円
●フリーサイト
1張/400円
●キャビン
1泊1棟/5,000円～

伝説が残る神割崎まで足を伸ばそう。

大人数でも楽しめるバーベキュー広場。

プレイスポット

磯遊び、散策をしながらバードウォッチング、ウォーククラリーなど、海と山のアウトドアが楽しめる。近くには神割伝説が残る景勝地「神割崎」などもあり、観光めぐりもいい。朝焼けの太平洋、夜は、沖合いのいさり火、空には満天の星が瞬くロマンチックな雰囲気の中で、寛ぎの時間を過ごそう。

売店・買い出し・食事

売店では薪、炭、飲み物、日用品、お菓子類などを販売。地元食材を使用したレストランメニューも楽しめる。コンビニや鮮魚店へは車で10分～20分ほど。

レンタル用品

レンタル品はテント（3,500円）や寝袋（500円）、焚火台（1,500円）など、手ぶらでキャンプが楽しめるほどに充実している。詳しくはホームページを確認しよう。

敷地内にある温水シャワーを利用するか、車で15分ほどのところにある、南三陸温泉のホテルの日帰り入浴を利用しよう。

ワンポイントアドバイス

東北ではめずらしい、ペット連れOKのキャンプ場。マナーをしっかり守って、わんちゃんと一緒にキャンプを楽しもう。

Infomation

所在地	宮城県本吉郡南三陸町戸倉字寺浜81-23
利用期間	通年（年末年始を除く）
利用時間	IN13:00　OUT11:00
休業日	火曜日（但し予約があれば対応）
車	三陸自動車道志津川ICより約25分
駐車場	あり（100台）無料

体験

休暇村 気仙沼大島

きゅうかむら けせんぬまおおしま

総サイト数	38	
オートキャンプサイト	AC電源あり	16区画
	AC電源なし	なし
テントサイト	AC電源なし	14区画
	常設テント	8張
キャンピングカーサイト	専用区画はないが大きさによりオートサイトにて可	
その他	宿泊施設 あり	

リゾートアイランドで
素敵な思い出を!

▲亀山山頂からの眺めは絶景!

料金案内

●管理費
4歳以上/1人420円
●オートキャンプサイト 車1台
1区画/4,200円
●テントサイト・5人まで
フリーサイト1区画/1,050円
●常設テント・5人まで
1張/4,200円

◀夏は海水浴!

Infomation

所在地	宮城県気仙沼市外畑16
利用期間	4月下旬〜10月31日
利用時間	IN 13:00　OUT11:00
休業日	営業期間中は無休
交通	JR 気仙沼駅よりタクシー10分で気仙沼港
車	東北自動車道一関 IC より国道284 号線を気仙沼方面へ、気仙沼観光桟橋よりカーフェリー出港（10日前より要予約）
駐車場	あり（50台）無料

アウトドア

おしか家族旅行村オートキャンプ場

おしかかぞくりょこうむらおーときゃんぷじょう

総サイト数	31	
オートキャンプサイト	AC電源あり	5区画
	AC電源なし	23区画
テントサイト	AC電源なし	3区画
キャンピングカーサイト	専用区画はないが大きさによりオートサイトで可	
その他	ケビン 6棟	

牡鹿半島より金華山が
望める!

▲海と空、緑に囲まれ、ロケーションは抜群。

料金案内

●入場料
なし
●オートキャンプサイト 車1台
1区画 3,050円〜6,110円
●キャンプサイト
フリーサイト1区画/3,050円
●ケビン 1泊
1棟/15,270円〜

◀季節の花に囲まれた芝生のサイト。

Infomation

所在地	宮城県石巻市鮎川駒ヶ峰1-1
利用期間	4月1日〜11月30日
利用時間	IN 14:00　OUT 10:00
休業日	営業期間中は無休
車	三陸自動車道石巻・河南 IC より国道398 号経由県道2号またはコバルトラインを牡鹿方面へ約50分
駐車場	サイトのみ。一般駐車はなし

福島県

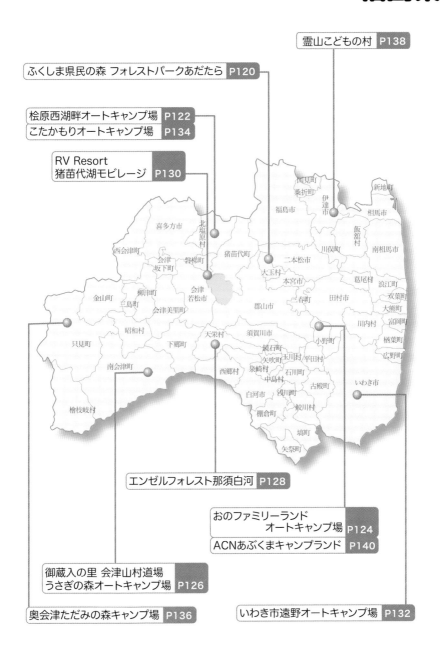

霊山こどもの村 P138

ふくしま県民の森 フォレストパークあだたら P120

桧原西湖畔オートキャンプ場 P122
こたかもりオートキャンプ場 P134

RV Resort
猪苗代湖モビレージ P130

エンゼルフォレスト那須白河 P128

おのファミリーランド
オートキャンプ場 P124
ACNあぶくまキャンプランド P140

御蔵入の里 会津山村道場
うさぎの森オートキャンプ場 P126

奥会津ただみの森キャンプ場 P136

いわき市遠野オートキャンプ場 P132

アウトドア

ふくしま県民の森 フォレストパークあだたら

ふくしまけんみんのもり ふぉれすとぱーくあだたら

http://www.fpadatara.com/

管理棟　24時間管理　トイレ　シャワー　ランドリー　食事処　売店　自販機　炊事棟　BBQ　夜間照明　ドッグラン　Wifi

サイトプロフィール

サイトはピリ砂利（丸細石）敷で、清潔感があり透水性も良い。適正ペグはプラ、スチール、アルミ。管理人は24時間常駐。

予約・問い合わせ

☎0243-48-2040

Telにて3ヶ月前の1日（FELメンバーズ会員は4ヵ月前の10日）～当日まで。受付9:00～17:00 ※ 聴覚障害者のみFax0243-68-2060で受付。

平均サイズ10m×10m、キャラバンサイト12m×10m。

▲冬はスノーシューも楽しめる。

▲コテージ内の様子。

総サイト数	170	
オートキャンプサイト（AC電源あり）	個別サイト	67区画
	グループサイト	43区画
テントサイト	自由に設営できるフリーサイトあり	
キャンピングカーサイト	キャラバンサイト20区画 AC電源、給排水あり	
その他	コテージ20棟 常設トレーラー10棟	

「森林との共生」がコンセプト

　安達太良山の中腹、標高600mに位置する森林に囲まれたオートキャンプ場。自然環境への様々な配慮がなされ、施設も充実。キャンプビギナーや子連れファミリーでも安心してアウトドアを楽しむことができる。オートサイトは、三方向が林で囲まれ、プライバシーが確保された個別サイトと、ストリームパークやキッズパークに隣接するグループサイト、キャンピングカー・トレーラー対応のキャラバンサイトがある。オートサイトには、電源、テーブル、イスが設置されているので便利。森林学習エリアでは、展示や散策路などを通して、自然の美しさや大切さを、より身近に感じることが出来る施設になっている。食材・弁当・オードブルなども注文でき、長期滞在も可能。

利用条件

花火
NG。花火は全面禁止。

焚火
高さ40cm以上の器具使用。

ペット
NG。おうちでお留守番してね。

ゴミ
あり。19種別の分別回収。

夏は「ストリームパーク」で沢遊びをしよう。

料金案内

●基本料金
大人（高校生以上）　660円・小人（小学生以上）330円・幼児無料・環境保全費110円
●オートキャンプサイト 車1台
テント、タープ1張りずつ
1区画/2,750円〜3,300円 電源使用料/550円
●テントサイト
フリーサイト1張/1,620円
●キャンピングカーサイト
1区画/5,400円
●宿泊施設 1泊
1棟/17,600円〜23,100円
（入湯税大人1人 150円）
●デイキャンプ
各宿泊料金の半額

プレイスポット

木の枝クラフト、蜂蜜収穫体験、ウィンナー作り、自然観察会、フォレストセラピーなど、各種体験メニューが充実（要問い合わせ）。「森林館」では、森の働きに関する展示があり、自由に見学することができる。ネット遊具や渓流を利用して作られた「ストリームパーク」での沢遊びが人気！

売店・買い出し・食事

売店では、炭、薪、飲食物、アウトドア用品のほか、地酒などの県産品も販売。事前予約で、お弁当、食材セット（BBQ・鍋物など）、サンドイッチなども用意してくれる。「森のカフェテラス」で軽食もとれる。周辺の食事や買い出しは車で10〜25分。

レンタル用品

ビジターセンターにて、ドームテント2,750円・タープ1,650円・シュラフ770円・毛布220円・ガスランタン1,100円・バーベキューグリル（炭）1,100円・ツーバーナー2,200円ほか。

子どもたちに大人気の森のキッズスペース。

ビジターセンターに、内風呂・露天風呂・低温サウナ・水風呂などの温泉施設がある。オートキャンプ場利用者は無料で入浴できる。

ワンポイントアドバイス

宿泊ポイントサービス、キャンセル待ち、先行予約といった、独自特典のあるFELメンバーズ会員制度あり。※年会費1人1,100円、有効期間1年間、即日入会可能。

Infomation

所在地	福島県安達郡大玉村玉井字長久保68
利用期間	通年（設備点検の為、臨時休館あり）
利用時間	IN 13:00〜18:00　OUT 8:00〜11:00 宿泊施設 IN 15:00〜18:00　OUT 8:00〜10:00　デイキャンプ9:00〜16:00
休業日	第1・3火曜日（GW・夏休み・年末年始を除く）
車	東北自動車道二本松ICより国道459号線を岳温泉方面へ県道30号を経て約25分（東北道二本松IC出口、県道30号に案内板設置）
駐車場	有（150台）無料

桧原西湖畔オートキャンプ場

アウトドア

ひばらにしこはんおーときゃんぷじょう

http://www.hibara-ac.com/

 管理棟
 24時間管理
 トイレ
 シャワー
 ランドリー
 食事処
 売店
 自販機
 炊事棟
 BBQ
 夜間照明
 ドッグラン
 Wifi

サイトプロフィール

湖畔のサイトと湖を見下ろす高台にあるサイトとあり、フィールドは芝生と砂利だ。好みの場所を選べる。ペグはプラスチック、スチールなど。管理人はシーズン中のみ24時間常駐

予約・問い合わせ

☎0241-33-2288

Tel、HPにて随時受付

▲オートキャンプサイトの広さは8m×10m。

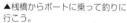

▲桟橋からボートに乗って釣りに行こう。

◀雪景色の中でキャンプも GOOD。

総サイト数	60	
オートキャンプサイト	AC電源あり	30区画
	AC電源なし	なし
テントサイト	（フリー）あり	
キャンピングカーサイト	専用区画はないがオートキャンプサイトで可	
その他	バンガロー2棟	

雄大な山と湖の自然に恵まれたキャンプ場

　桧原湖の西に位置し、春は新緑と山菜、夏は釣りやボート、秋は紅葉ときのこ狩り、冬にはワカサギ釣りと一年を通して、四季折々の自然を満喫できる。サイトは、湖を見下ろす高台と、目の前に湖が広がる湖畔のサイトがある。サニタリーなどの設備もしっかり揃っているので、キャンプも快適に過ごせる。バス釣りのポイントも近く、手漕ぎや釣り船からバスボートまで、多様なボートがレンタルできるので、フィッシングには申し分のない環境だ。冬は、氷上の穴からワカサギ釣りができる。寒いのが苦手な場合は、暖かい船内で、飲み物を飲みながら優雅に釣りを楽しむこともできる。湖畔と山の陰から登る美しい日の出の景色も見てみよう。

利用条件

花火

OK。他人に迷惑をかけず、片付けもする事。

焚火

OK。片付けはきちんとしよう。

ペット

OK。リード必須。責任を持って管理しよう。

ゴミ

分別して指定場所へ。

雄大な桧原湖をカヌーで散策。自然をまるごと感じよう。

料金案内

●入場料
無料
オートキャンプサイト 車1台
●テント・タープ1張
1区画/6,000円〜（税別）
※AC電源使用料1,000円（税別）
●バンガロー 1泊
5人用1棟/12,000円（税別）
10人用1棟/18,000円（税別）
＊ハイシーズンは10人用1棟/22,000円
●デイキャンプ
1区画/3,000円（税別）

プレイスポット

桧原湖で、バスやワカサギ釣りができる。貸しボートもあるので利用してみよう。カヌー教室やスノーモービル、凍った湖を歩くクロスカントリー、マウンテンバイクなども楽しめる。車で10分ほどのところにあるエメラルドグリーンに光る神秘的な「五色沼」や、高山植物が咲き乱れる湿原「雄国沼」もあり、美しい山々の自然を満喫できるハイキングにも出かけてみよう。

売店・買い出し・食事

売店では一般雑貨や食品を販売。最寄りのお店は、「ラビスパ裏磐梯」や「道の駅 裏磐梯」で食事ができる。コンビニ、スーパーへは車で20分〜30分ほど。

レンタル用品

毛布300円・寝袋300円・BBQ用品・グリル（鉄板、金網付）500円・ガスコンロ（ガス1本付き）500円・ランタン（ガソリン満タン）1,000円・調理用器具（鍋・まな板・包丁・お玉・ザルなど）50円〜200円など。

冬はワカサギ釣りにチャレンジしてみよう。

車で5分ほどのところに日本庭園の露天風呂や、ウォータースライダーのある室内プールがある「ラビスパ裏磐梯」がある。キャンプ場で割引券がもらえる。

ワンポイントアドバイス

釣りに最適。釣り具や各種ボートをレンタルできるので、チャレンジしてみよう。直火や焚き火、花火など、自由に楽しめるが、マナーを守り、後始末はしっかりとしよう。

Infomation

所在地	福島県耶麻郡北塩原村大字桧原南黄蓮沢山1157-31
利用期間	通年
利用時間	IN 13:00　OUT 11:00　デイキャンプ4〜5時間
休業日	予約がない場合休業あり
交通	JR仙台駅より高速バス＜とよま明治村行き＞終点下車、タクシーで約20分
車	磐越自動車道猪苗代磐梯高原ICから国道459号を桧原湖方面へ約30分
駐車場	有（60台）無料

アウトドア

おのファミリーランドオートキャンプ場

おのふぁみりーらんどおーときゃんぷじょう

http://www.17.ocn.ne.jp/~onofami/

 管理棟　 24時間管理　トイレ　シャワー　ランドリー　食事処　売店　自販機　炊事棟　BBQ　夜間照明　ドッグラン　Wifi

サイトプロフィール

自然をそのまま生かしたサイトは、区画ごとにそれぞれ違ったロケーションだ。フィールドは、土、芝生、草地とサイトにより変わり、場内は林に囲まれている。管理人は24時間常駐。

▲オートサイトの広さは7m×8m（駐車スペースは別途）。

予約・問い合わせ

☎0247-72-5365
（小林自工）

Tellにて随時
受付8:30〜20:30

▲子どもに「人気のどんぐりハウス」。

▲森の中の遊具で遊ぼう。

総サイト数	43	
オートキャンプサイト	AC電源あり	37区画
	AC電源なし	なし
テントサイト	35区画	
キャンピングカーサイト	AC電源あり35区画	
その他	プチドッグラン付きトレーラー2台・バンガロー1棟 宿泊施設10棟	

あぶくま高原の爽やかな風が吹き抜ける

　標高500m、自然の地形を生かしたサイトは、林に囲まれたサイト・開放感のあるサイト・水辺に近いサイトなど、様々なロケーションが楽しめる。流し台やカマドなど、サニタリーのほか、畳敷きのバンガローや、珍しい船のコテージといった宿泊施設も備わっている。場内には、大小4つの池があり、釣りが楽しめる（有料）。検査済みで、無菌飲料水に適しているという、自然の湧き水もあるので、朝のコーヒーなどに利用すれば、いつもより一味違った美味しさを味わえるかも。春は水芭蕉や葉わさび、桜が咲き、緑が眩しい初夏には、花と一緒に生息するハーブが観賞できる。秋はきのこや紅葉狩りと、移り変わる自然を感じながら、ゆったりとした時間を過ごそう。

利用条件

花火
OK。音が出るもの、打ち上げは禁止。

焚火
NG。残念ながらできません。

ペット
OK。リード必須。責任を持って管理しよう。

ゴミ
分別して指定場所へ。

釣堀で、コイなどをゲットしよう。

船のコテージに泊まってみよう。

※コロナ感染防止のため2021年2月現在休業中

プレイスポット

　敷地内には釣堀があり、コイなどが釣れる。釣った魚を塩焼きや炭火焼きなど、お好みで調理して夕食の一品に追加してみては。暑い夏には、子ども達が大好きな水遊びで遊ぼう。子どもたちに大人気の屋内で遊べる施設「どんぐりハウス」もある。季節ごとの植物を観察したり、昆虫を採取したりと自然をたっぷりと満喫できる。

売店・買い出し・食事

売店ではアイス、花火、飲み物、炭、薪、電池、カップ麺等を販売。
食事と買い物ができる最寄りのお店へは車で10分。

レンタル用品

テント（5〜6人用）・タープ・ふとん・毛布・電池式ランタン・
BBQ セット・キッチンセットほか。

県内でもめずらしい泉質である、含鉄冷鉱泉の温泉「鉄人の湯」がある。冷え性、関節症、月経不順、打ち身、疲労回復などの様々な効能が期待できる。
※コロナ感染防止のため2021年現在休業中

ワンポイントアドバイス

夏は涼しく避暑地にぴったり。秋キャンプの朝晩は、肌寒くなるので上着を持って行こう。宿泊者は、温泉の入浴が割引になるサービスがあるので利用しよう。

Infomation

所在地	福島県田村郡小野町大字町大字浮金字日影 83
利用期間	通年
利用時間	IN 13:30　OUT 11:30 デイキャンプ　16:30まで
休業日	オフシーズン中の木曜　※但し予約がある場合は営業
交通	
車	磐越自動車道小野 IC より国道 349 号を郡山方面約 2 分（案内板設置）
駐車場	有（10 台）無料・追加 1 台 1,100 円

福島県

御蔵入の里 会津山村道場 うさぎの森オートキャンプ場

アウトドア

おくらいりのさと あいづさんそんどうじょう うさぎのもりおーときゃんぷじょう

http://www.aizukogen-yume.jp/sanson/

管理棟　24時間管理　トイレ　シャワー　ランドリー　食事処　売店　自販機　炊事棟　BBQ　夜間照明　ドッグラン　Wifi

サイトプロフィール

100㎡ある広々としたサイト。垣根で区切られたオートサイトは芝生、テントサイトは土と砂利のフィールドになっている。ペグはプラスチックから使用できる。管理人は24時間常駐。

予約・問い合わせ

☎**0241-66-2108**

Tel、Faxにて3ヵ月前〜当日まで

▲設備の整った山荘風コテージ。

▲ちょっとしたお買い物に便利な売店。

▲オートキャンプサイトは10m×10mの広さがある。

総サイト数	28	
オートキャンプサイト	AC電源あり	12区画
	AC電源なし	16区画
テントサイト	フリーサイト10張	
キャンピングカーサイト	トレーラーも含め、オートキャンプサイトで可	
その他	コテージ11棟	

🏕 夜は美しい星空を眺めながら

　現代と歴史が交差する「会津 御蔵入の里」は、野外活動を中心に都市と農村の交流を目的とした里山。オートキャンプ場をはじめ、山荘風コテージ、ふれあい公園、体育館、交流施設、ユースキャンプ場（団体用サイト）など、敷地内には様々な施設があり、自然の中で思い思いの過ごし方ができる。野山を自然の遊園地として楽しめるよう整備されたオートキャンプ場は、森林に囲まれ、広くゆとりのあるサイトになっているので、のんびりとアウトドアライフが満喫できる。トイレは感応式の夜間照明で、入口が引き戸の為、虫が少ないのが嬉しい。広い緑の芝の上で遊んだり、夏は小川で水遊びができる。各種体験教室も開かれている。

利用条件

花火
OK。指定場所のみ。音が出る・打ち上げ禁止。

焚火
OK。器具使用にて可。

ペット
OK。場所指定あり。管理はしっかりと。

ゴミ
なし。全て片づけて持ち帰ろう。

雄大な自然に
囲まれた
「会津山村道場」

●料金案内

●入場料
大人（高校生以上）300円・小人（小学生以上）200円・幼児無料
●オートキャンプサイト 車1台
1区画/3,300円〜4,400円
●テントサイト
フリーサイト 車1台/550円
テント1張 /550円
●コテージ 1泊・1人〜8人
1棟/7,200円〜15,800円

プレイスポット

広々とした芝生のグランドで子どもから大人までのびのびと遊べる。豊かな自然の中でのんびり過ごし、野山を自然の遊園地として楽しむような目的で整備されたオートキャンプ場。施設内では、藍染、木工体験ができる。しくなげ園もあり、石楠花の季節には、美しい花々が見られる。

売店・買い出し・食事

売店では、キャンプ用品や、日用品、お土産などを販売。食事は、食材を持参し、アウトドア料理を楽しもう。スーパー、コンビニ、ホームセンターへは車で10分。

レンタル用品

ドームテント3,000円・タープ1,200円・マット300円・スリーピングバック500円・テーブル300円・ダッチオーブン500円・チェア300円・BBQグリル（炭別）1,000円、ランタン1,000円・焚火台1,000円ほか。

藍染め体験や
木工体験を
楽しもう。

車で10分ほどのところに、「御宿 夢の湯」がある。源泉掛け流しのお湯で、露天風呂と内風呂がある（大人500円、小人300円）。

ワンポイントアドバイス

コールマンやスノーピークなど、キャンプ用レンタル品が充実している。学生には、野外体験や総合学習対応のプログラムがある。

Infomation

所在地	福島県南会津郡南会津町糸沢字西沢山 3692-20
利用期間	4月下旬〜 11月上旬
利用時間	IN 13:00　OUT 11:00 デイキャンプ 9:00 〜 17:00
休業日	営業期間中は無休
交通	浅草から東武鉄道 - 野岩線 - 会津鉄道・会津山村道場駅下車徒歩 15 分
車	東北自動車道西那須野 IC より国道 400 号・121 号を会津若松方面へ約 40 分（121 号沿いに案内板設置）
駐車場	有（30 台）無料

福島県

エンゼルフォレスト那須白河

えんぜるふぉれすとなすしらかわ

スポーツ

http://www.ang-f-ns.com

| 管理棟 | 24時間管理 | トイレ | シャワー | ランドリー | 食事処 | 売店 | 自販機 | 炊事棟 | BBQ | 夜間照明 | ドッグラン | Wifi |

サイトプロフィール

平均150㎡という、林に囲まれた広々としたサイト。ペグのうち打ちやすい土なのでプラスチックからOK。キャンピングカー専用サイトもあり。管理人は24時間常駐（不定）。

予約・問い合わせ

☎ **0570-012-334**

Tel にて約4ヵ月前〜当日、
HP は約4ヵ月前より前日まで

▲オートサイトの平均サイズ150㎡、キャンピングカーサイト250㎡。

▲全区画のサイトわんちゃんの同伴可。

▲半球体型のドームコテージ。

総サイト数	81	
オートキャンプサイト	AC電源あり	71区画
	AC電源なし	なし
テントサイト	2区画	
ドッグフリーサイト	2区画	
キャンピングカーサイト	AC電源あり4区画	
その他	コテージ　98棟	

🏕 自然林を活かしたプライベート感たっぷりのオートキャンプ場

　東京ドーム42個分の広大な敷地内で、本格アウトドアを満喫できるキャンプ場。人造湖を囲むように、新鮮食材をたっぷり使ったレイクサイドダイニング、半球体のユニークなドーム型コテージ、露天風呂や水着で入れるガーデンスパなどの様々な施設が建ち並んでいる。オートキャンプ場のサイトは、自然林に囲まれ、約150平方メートルに区画割りされていてゆったり広め。車一台分の駐車スペースとタープ、テントを張る十分なスペースが設けられている。アウトドアスポーツを楽しむもよし、青空、星空を眺めるもよし。ショップなどの施設も充実し、必要なものはほとんど施設内で揃えることができるので、初心者にもおすすめ。

利用条件

花火
NG。サイト内では花火は禁止。

焚火
OK。器具使用にて可。

ペット
OK。全区画のサイトでわんちゃんの利用可。

ゴミ
分別して指定場所へ。

水着で入れる
ガーデンスパ
は大人気。

料金案内

●AC電源付き
オートキャンプサイト（車1台）
1区画／5,000円～
●ドッグフリーサイト（車1台）
1区画／7,000円～
●キャンピングカーサイト（車1台）
1区画／8,000円～
●ドッグフリーキャンピングカーサイト
（車1台）
1区画／9,000円～
宿泊施設1泊（2人以上）
●1人／8,000円～

プレイスポット

　ビギナーから楽しめるカナディアンカヌーやマウンテンバイク、フィッシング、テニスなどのアウトドアスポーツの設備が充実している。赤べこや白河だるまといった民芸品の絵付け教室や透明なジェルを使ったジェルキャンドル作りなど、体験教室も開催している。貴重な植物が自生する湿地園を散策することもできる。

カヌー体験は、
子どもやわんちゃんも
楽しめる。

売店・買い出し・食事

キャンプ用品や調理用品等を取り扱うショップやお菓子やおつまみアルコール、お土産品等を購入できるコンビニあり。地元の食材を生かした自然派スタイルのレストランがある。大型スーパーへは車で30分ほど

レンタル用品

ドーム型テント（4～6人用）3,300円～・タープ1,430円～・電池ランタン330円～・ダッチオーブン880円・焚火台1,100円・ガスツーバーナー880円ほか多数あり。

敷地内にある露天風呂やサウナのある温泉「彩光の湯」は、東北屈指の美肌と若返りの湯として定評がある。水着で入れるガーデンスパもあり。

ワンポイントアドバイス

ドッグランをはじめ、わんちゃん専用の温泉やノーリード散歩道、カヌー体験。専用コテージでは、一緒にお泊りやプラベートドックランなどがあり、愛犬と一緒に楽しめる。

Infomation

所在地	福島県岩瀬郡天栄村羽鳥戸屋39
利用期間	通年
利用時間	IN 13:00　OUT 11:00 デイキャンプ 10:00 ～ 17:00
休業日	年中無休（冬期メンテナンス休業日あり）
交通	ＪＲ新白河駅よりタクシーで30分
車	東北自動車道白河ICより国道4号、県道37号線経由して羽鳥湖方面へ約30分
駐車場	有（300台）無料

泉屋酒店　猪苗代湖
羽鳥ダム
118
白河メドウGC　須賀川IC
羽鳥湖
道の駅
エンゼルフォレスト★
那須白河
37
国道4号

RV Resort猪苗代湖モビレージ

あーるぶい りぞーと いなわしろこもびれーじ

水あそび

http://www.inawashiroko-mv.com/

 管理棟　 24時間管理　 トイレ　 シャワー　 ランドリー　 食事処　 売店　 自販機　 炊事棟　 BBQ　 夜間照明　 ドッグラン　 Wifi

サイトプロフィール

湖畔、林間サイトと、それぞれ違った魅力のサイト。夏期は、目の前で湖水浴ができる砂浜サイトが人気。フィールドは土で、適用ペグはプラスチックからOK。管理人は24時間常駐。

予約・問い合わせ

☎0242-94-2052

Telにて2ヵ月前～当日まで（GWは3月10日・夏休みは5月10日・冬休みは11月10日より）。受付9:00～17:00

▲サイトの平均サイズは8m×8m。

▲目の前が湖になっている湖畔のサイト。

▲炊事場の様子。

総サイト数	100	
オートキャンプサイト	AC電源あり	なし
	AC電源なし	80区画
テントサイト	なし	
キャンピングカーサイト	AC電源あり20区画	
その他	宿泊施設6棟	

🏕 湖畔のリゾートでアウトドアを満喫！

　磐梯山を望む猪苗代湖畔に広がるオートキャンプ場。大自然の中、遊びどころ、見どころがいっぱいのアウトドアレジャー基地として、夏は遠浅の湖で水遊びや、カヌー＆ボートで無人島めぐり、自然がそのまま残る湿原への散策。冬は白鳥が飛来する湖を眺めながら、雪中キャンプ（乗用車は4WD）やスノーショウなどが楽しめる。施設内は、アウトドアが満喫できるよう、環境や設備は充実しているので過ごしやすい。キャンピングカーやトレーラーのキャンパーには、電源・上水道が完備されている。また、ダンプステーションもあるので、長期滞在やアメリカンキャンピングカー（中型）でもOK！徒歩5分のところには、広大な敷地の「会津レクリエーション公園」があり、1日たっぷりと遊ぶことができる。

利用条件

花火
OK。手持ち花火のみ可。

焚火
OK。器具使用にて可。

ペット
OK。オートキャンプサイトのみOK。リード必須。

ゴミ
分別して指定場所へ。

遠浅の水辺で思い切り水遊びを楽しもう。

料金案内

●施設使用料
大人（中学生以上）800円・小人（4歳以上）500円
●オートキャンプサイト　車1台（5m未満の車）5人まで
1区画/3,000円
●キャンピングカーサイト　車1台5人まで
1区画/4,000円〜5000円
●宿泊施設1泊・2人〜4人
1棟/7,000円〜16,000円
●バイクサイト1台
1区画/1,400円
●自転車・徒歩　400円

プレイスポット

ボート（1時間1,000円）やカヌー（1時間1,500円）をレンタルしたり、遠浅の湖で湖水浴を楽しもう。釣りは、歩いて5〜10分のところにある、銀ノ橋、金ノ橋から十六橋にかけてポイントあり。場内の山を走るMTB（半日1,000円）や、赤ベコの絵付け体験（4月〜11月、1,200円）、1月2日には、毎年恒例の餅つきが行われ、あつあつのお餅が振る舞われる。

親子でカヌーコースが楽しめるよ。

売店・買い出し・食事

売店では、炭、薪、氷、飲み物、お菓子、調味料、雑貨などを販売している。食事は、食材を持参してアウトドア料理を楽しもう。最寄りのお店は、車で5分のところに中華が味わえる「みなとや」がある。スーパーへは車で16分ほど。

レンタル用品

毛布300円・湯たんぽ無料。その他必要なものは持参しよう。

施設内に露天気分が楽しめる家族風呂がある。30分貸し切りもできるので、みんなで一緒に温まろう（利用時間：16:00〜19:00・大人：500円、子供：300円　但し、冬期閉鎖）。ホテルみなとやの麦飯石温泉へは車で5分ほど。

ワンポイントアドバイス

カヌーの持ち込みが可能。
60歳以上のシニアキャンパーは
施設使用料金が
50％引きになる。

Infomation

所在地	福島県会津若松市湊町大字赤井字笹山原408
利用期間	通年
利用時間	IN 13:00〜18:00　OUT 11:00
休業日	年中無休
交通	JR猪苗代駅より＜金の橋行き＞金の橋下車徒歩10分
車	磐越自動車道猪苗代磐梯高原ICより国道49号線を会津方面へ約20分
駐車場	一般駐車場なし

磐梯河東IC　磐越道
朝霞市立猪苗代湖自然の家
49
会津磐梯CC
会津レクリエーション公園
RV Resort
猪苗代湖モビレージ
猪苗代磐梯高原IC

いわき市遠野オートキャンプ場

いわきしとおのおーときゃんぷじょう

http://www.iwaki-tohno.jp/camp/

水あそび

 管理棟　 24時間管理　 トイレ　 シャワー　 ランドリー　 食事処　売店　自販機　炊事棟　BBQ　夜間照明　ドッグラン　Wifi

サイトプロフィール

オートサイト区画サイズはテント1張（4〜6人）と、タープ1張が余裕をもって張れる広さ。電源と水道が設置してあり、芝で、ペグは比較的打ちやすい。管理人は24時間常駐。

予約・問い合わせ

☎**0246-74-1031**

Tel、HPにて3ヵ月前の1日〜当日まで
受付8:30〜17:30

▲広々としたオートサイトは電源を活用すれば冬でも快適にキャンプできる。

▲川の流れる音を聞きながら楽しめる。

▲様々な体験イベントあり。

総サイト数	45	
オートキャンプサイト	AC電源あり	30区画
	AC電源なし	なし
テントサイト	AC電源なし15区画	
キャンピングカーサイト	専用区画はないがオートキャンプサイトで可	
その他	宿泊施設8棟	

⛺ ひろびろサイトで四季の自然を楽しむ

　標高140m、場内の横を入遠野川が流れ、山と川の自然を一度に味わうことができる。オートサイトは広々とした区画にテントを張ることができ、炊事棟も利用できるので大変便利。四季折々1年を通して利用できるのが魅力のひとつ。春から夏は緑豊かな山に囲まれて、キャンプを楽しめる。秋は紅葉の中でBBQ、冬は澄んだ空気の中で星空観察を楽しむのもいい。

　場内には、水遊びのできる人口の小川が流れ、大きな芝生の広場では子どもたちがのびのびと遊べる。スパリゾートハワイアンズや水族館なども近く、いわき市の観光と温泉を楽しむ宿泊拠点として、ファミリーやビギナーのみならず人気が高い。

利用条件

花火
NG。敷地内では花火は禁止。

焚火
OK。器具使用にて可。

ペット
NG。おうちでお留守番してね。

ゴミ
分別して指定場所へ。

小さな子も
楽しめる
魚のつかみ取り！

料金案内

- ●入場料
- 大人（中学生以上）440 円・小人（3歳以上）220円、但し、宿泊施設利用の場合は無料
- ●オートキャンプサイト 車1台
- 1区画/4,400円
- ●テントサイト 車1台
- 1区画/2,200円
- ●宿泊施設 1泊
- 1棟/9,000 円～
- ●デイキャンプ
- 1区画/サイト料金の半額

プレイスポット

　近くを流れる入遠野川で川遊びや釣りができる。浅瀬でも流れが速いところもあるので注意しよう。小さい子は場内の小川で楽しめる。（入遠野川での釣りには遊漁券の購入が必要）。紙漉き、竹細工各種など、5名以上で体験可能。（要事前予約）車ですぐのところにある「フィッシングパーク遠野」では、イワナ・ヤマメ・ニジマス釣りが堪能できる。

売店・買い出し・食事

管理棟の売店では、キャンプ用品として、薪、木炭、小物各種（ペグ・ガスカートリッジ）など、食品類として、缶ビール、各種飲料水、アイス、氷、駄菓子類、調味料各種などを販売。BBQ やカレーなどの食材セットもあり（要事前予約）。地元スーパーへは車で10分ほど。

レンタル用品

コールマンドームテント（4～6人用）1,570円、コールマンタープ1,050円、封筒型シュラフ1,050円、スノーピーク焚び火台L 520円など充実しているので初心者でも手軽にキャンプが楽しめる。

車で10分ほどのところに、
「中根の湯」がある。

ワンポイントアドバイス

連休や夏休みの週末は人気のため、早めに計画を立て、予約しよう。

Infomation

所在地	福島県いわき市遠野町入遠野字越台 97-1
利用期間	通年
利用時間	IN14:00 ～ 17:00　OUT10:00 デイキャンプ 10:00 ～ 17:00
休業日	無休
車	常磐自動車道いわき湯本 IC より県道 14 号を石川町方面へ約 25 分
駐車場	あり（40 台）無料

いわき三和IC

いわき市遠野
★オートキャンプ場

入遠野小

中根の湯

遠野高

いわき湯本IC

常磐道

古殿町

こたかもりオートキャンプ場

水あそび

こたかもりおーときゃんぷじょう
http://www.kotakamori.com/

管理棟　24時間管理　トイレ　シャワー　ランドリー　食事処　売店　自販機　炊事棟　BBQ　夜間照明　ドッグラン　Wifi

サイトプロフィール

オートフリーサイトになっているので、湖畔の砂地のサイトや、林のサイトなど、気に入った場所に設営ができる。ペグは比較的打ちやすい。管理人は24時間駐在。

予約・問い合わせ

☎0241-32-2334

Tel、HP、現地にて3ヵ月前～当日まで
受付8:00～20:00

▲自由に設営ができるオートフリーのキャンプ場。

▲緑に包まれた高台のサイトでひとやすみ。

▲目の前が湖になっている湖畔のサイト。

総サイト数	200	
オートキャンプサイト	AC電源あり	2区画
	AC電源なし	188区画
テントサイト	オートフリーサイトなので自由に設営できる	
キャンピングカーサイト	専用区画はないがオートキャンプサイトで可	
その他	宿泊施設22棟	

裏磐梯を一望できる素晴らしいロケーション

標高819mの桧原湖畔に面したキャンプ場。区画サイトはなく、湖畔の砂地や林の中など、好みの場所に設営と駐車ができる、開放的な雰囲気のオートフリーサイトとなっている。湖は遠浅になっているので、子ども達が水遊びをするのにも安心だ。ボート遊びやサイクリングなども楽しめるが、ここではなんといってもフィッシングだ！春から秋にかけては、バスフィッシングやトローリング、秋から冬にかけては、小学生や女性もトライできるワカサギ釣りの季節だ。ドーム船、氷上穴で釣ったワカサギは、お店でから揚げにしてくれる。初心者や手ぶらでも安心のノーマルプランがあるので、気軽に体験してみよう。夜は焚き火でキャンプの夜を楽しもう。

利用条件

花火
OK。打ち上げ禁止。手持ちのみ。

焚火
OK。可。後片付けはしっかりと。

ペット
OK。リード必須。マナーを守ろう。

ゴミ
あり。分別して指定の場所へ。

夜空に舞いあがるキャンプファイヤー

料金案内

●入場料
無料

●オートキャンプフリーサイト
施設使用料基本料金（管理費・テント、タープ持込料・駐車代）
大人2名/3,000円（税別）
人数が増える場合
大人（高校生以上）1名/1,000円（税別）
子ども（小学生以上）1名/500円（税別）
幼児1名/300円（税別）
AC電源使用/1,000円（税別）

●デイキャンプ
大人500円・子ども（小学生まで）300円・幼児200円（税別）
駐車場代1台/1,000円（税別）

プレイスポット

バスフィッシングやトローリング、ワカサギ釣りなど、釣りのメッカとして有名な桧原湖では、水遊びやボート遊び、サイクリングが楽しめる。少し足を延ばして、中津川渓谷へも行ってみよう。水の中を歩いたり、川の流れに乗って滝壺にダイブしたりと、アドベンチャー気分で「シャワーウォーク」ができる。四季を通して、自然の中でアウトドアを楽しんでみよう。

小エビや小魚が取れるよ。

売店・買い出し・食事

受付の大堀酒店・ドライブインこたかもりにて、日用品、酒、飲み物、お菓子、雑貨、釣具などを販売している。磐梯高原みそラーメンや特性ソースカツ丼などの食事もできる。コンビニは車で10分。スーパーへは車で20分ほど。

レンタル用品

調理用器具200円〜300円・バーベキューコンロ1,500円・毛布300円・シュラフ500円、ほか。

敷地内にある「こたかもり荘」内にある浴場で入浴ができる（小学生以上500円、幼児300円）。車ですぐのところに、庭園露天風呂のある「休暇村磐梯高原」があり、日帰り入浴ができる（大人500円、小人250円）。

ワンポイントアドバイス

直火や焚き火ができるが、後始末はしっかりとしよう。現状復帰がアウトドアの基本。手ぶらで楽しめるワカサギ釣りのセットがあるので、子どもや女性もトライしてみよう。

Infomation

所在地	福島県耶麻郡北塩原村大字桧原字曽原山1096
利用期間	通年（設備点検の為、臨時休館あり）
利用時間	IN 12:00　OUT 11:00 デイキャンプ 10:00〜17:00
休業日	なし
車	磐越自動車道猪苗代磐梯高原ICから国道115号を福島方面、459号から県道2号へ車で約25分
駐車場	有（100台）無料1台1,050円

曽原湖
★こたかもりオートキャンプ場
桧原湖
小野川湖
秋元湖
2
レークライン
裏磐梯
459　裏磐梯中
喜多方市

奥会津ただみの森キャンプ場

おくあいづただみのもりきゃんぷじょう

http://tadamikousya.sakura.ne.jp/

管理棟	24時間管理	トイレ	シャワー	ランドリー	食事処	売店	自販機	炊事棟	BBQ	夜間照明	ドッグラン	Wifi

サイトプロフィール

サイトは草地・土のフィールド。自然がいっぱいながらも設備は充実している。木々に囲まれたオートサイトのほか、広い敷地のフリーサイトがある。管理人は24時間常駐（ハイシーズンのみ）。

▲オートサイトの平均サイズは8m×8m。

予約・問い合わせ

☎0241-82-2432

Tel にて、オープン〜6月30日までの予約は3月1日より。7月1日〜10月31日までは5月10日〜。受付8:30〜17:00

▲ウッド調の素敵なコテージ。

▲古民家に宿泊体験してみよう。

総サイト数	60
オートキャンプサイト	AC電源あり フリー区画あり
テントサイト	自由に設営できる フリーサイトあり
キャンピングカーサイト	専用サイトはないがオートキャンプサイトで可
その他	宿泊施設19棟

アウトドア三昧で自然を楽しもう

　美しい山々に囲まれ、眼下に只見川を望む高台にあるただみの森。管理棟や炊事棟の設備も整ったキャンプ場は、区画されたAC電源付きと林間にもテントが設営できるオートサイト、見晴らしの良いフリーサイトのほかに、コテージやバンガロー、囲炉裏のある民家など様々な施設がある。場内では、バームクーヘン作りや手作りピザなど、親子やグループで楽しめる体験メニューが豊富に用意されている（事前予約）。サイクリングで湖畔を散策したり、只見湖・浅草岳の絶景が楽しめる遊歩道を歩いてみよう。登山や渓流釣り、テニスなど、恵まれた自然の中での遊びは様々。夜は、満天の星空を眺めながら、ゆっくりと流れる静かな時間を満喫しよう。

利用条件

花火
OK。打ち上げ禁止。手持ちのみ。

焚火
OK。器具使用にて可。

ペット
OK。リード必須。宿泊施設など建物内は禁止。

ゴミ
分別して指定の場所へ。

料金案内

●入村料
小学生以上/400円
●オートキャンプサイト 車1台
テント、タープ1張りずつ
1区画/4,000円〜
●宿泊施設 1泊
1棟/5,000円〜32,000円
●デイキャンプ 車1台
1区画/2,000円

ピザ作りなどの手作り体験を楽しもう！

バームクーヘン手作り体験。

プレイスポット

爽やかな緑の中でテニスや、渓流でフィッシングが楽しめる。施設内では、バームクーヘン手作り、ピザ焼き、そば打ち、オリジナルキーホルダーなど、様々な体験メニューが用意されている。全て予約制になっているので、事前に問い合わせてみよう。

売店・買い出し・食事

売店では、ガス、炭、薪などの燃料や、お菓子、アイスクリームなどを販売している。車で3分のところにある「只見町歳時記会館」では、地元特産品の購入や食事ができる（11:00〜14:00）。車で5分〜10分のところには地元スーパーがある。

レンタル用品

貸毛布200円・炊事用具（5人用1組）500円・バーベキューセット（鉄板・薪・炭・ドラム）2,000円ほか。

車で5分ほどのところに「只見保養センター」がある。公共の入浴施設で、気軽に入浴できる。利用時間は20:00までなので、早めを心がけよう。

ワンポイントアドバイス

ドーム型本格レンガ造りの石釜で、手作りピザを体験できる。ワイルドワンカードを提示すると施設利用料が10%割引になる

Infomation

所在地	福島県南会津郡只見町只見向山2832
利用期間	5月1日〜11月上旬
利用時間	IN 13:00〜17:00　OUT 8:00〜11:00 デイキャンプ 9:00〜16:00（最長6時間）
休業日	営業期間中は無休
交通	JR只見駅よりタクシーで約10分
車	東北自動車道西那須野ICより国道400号、121号、289号を只見方面へ約150分
駐車場	有（50台）無料

会津蒲生駅
只見　只見駅
只見　町役場
スキー場
只見線
田子倉駅
川のものしり館
町下橋
★奥会津ただみの森

霊山こどもの村

りょうぜんこどものむら

体験

http://kodomo-ryozen.org/

管理棟　24時間管理　トイレ　シャワー　ランドリー　食事処　売店　自販機　炊事棟　BBQ　夜間照明　ドッグラン　Wifi

サイトプロフィール

フィールドは土でテント（中）が1張可能。
ペグは全てのサイトで OK。

予約・問い合わせ

☎024-589-2211

Telにて3ヵ月前～3日前まで
受付9：00～17：00
（コテージ予約は紅彩館/024-589-2233）

▲テーブルやイスが設置されている食事棟（事前に要確認）。

▲屋根付きのかまどの付いた炊事場。

▲サイトは4m×6m、
中型のテント1張の大きさ。

総サイト数	19	
オートキャンプサイト	AC電源あり	4区画
	AC電源なし	15区画
テントサイト	なし	
キャンピングカーサイト	なし	
その他	コテージ　5棟	

広大な敷地を有する森の探検基地

　名峰霊山の麓、美しい自然に囲まれた「こどもの村」。参加体験型を中心とした「遊びと学びのミュージアム」や、様々な種類の遊具施設があり、緑の中でのびのびと遊ぶことができる。

　キャンプ場はオートサイトのみで、20サイトのうち、4サイトのみ電源が設置されている。サニタリー棟には、炊事棟、水洗トイレ、シャワーの設備があり、清潔に保たれているので初心者でも安心だ。隣接する多目的スペースにあるかまど付きの炊事場や食事棟（有料）も利用することができる。また、キャンプ場から園内の遊び場まで、連絡通路を通り徒歩で1～2分の距離なので、子ども達が自由に行き来できるのが うれしい。

利用条件

花火
OK。打ち上げ禁止。手持ちのみ。

焚火
器具使用にて OK。

ペット
不可。但し盲導犬のみ OK

ゴミ
指定ゴミ袋1枚50円。
分別して指定の場所へ。

ペダルを漕ぎ
ながら空中を
お散歩しよう。

ワークショップに
参加してみよう。

プレイスポット

　アスレチックやスカイサイクル、ジャンボすべり台、サイクル列車などの遊具設備で1日たっぷりと遊ぼう。ミニ天体ドームもあり、観望会を定期的に行っている。毎週土・日曜には、講師を招いてのワークショップが開催されているので、親子で参加してみよう。また、夏休み期間は毎日木工活動を行っている。

売店・買い出し・食事

園内のサービスハウスは飲物類、りょうぜん紅彩館では、菓子、飲物、お土産などを販売。買い出しは、コンビニや地元スーパーまで車で約20分。

レンタル用品

バーベキューコンロ5、6名用（鉄板・火ばさみ付）1,000円　＊網は1枚300円で販売。前日までに予約が必要。

車で1分、徒歩3分のところにある「りょうぜん紅彩館」で入浴ができる。大人440円、小学生220円、幼児無料。10:00 〜21:00（最終受付 19:00）。

ワンポイントアドバイス

キャンプ場以外の園内は車乗入禁止となっているので、子どもを安心して遊びのエリアに送り出すことができる。

Infomation

所在地	福島県伊達市霊山町石田字宝司沢 9-1
利用期間	3 月下旬〜 11 月下旬
利用時間	IN13:00 OUT10:00 デイキャンプ 10:00 〜 15:00
休業日	水曜日（但し、祝日・ＧＷ・夏休みは除く）
交通	JR 福島駅より福島交通バス＜掛田行き＞掛田駅下車、タクシーにて霊山こどもの村まで
車	JR 東北自動車道福島 IC より国道 115 号線を相馬方面へ約 70 分
駐車場	あり（500 台）無料

福島県

ACNあぶくまキャンプランド

体験

えーしーえぬあぶくまきゃんぷらんど

https://abucam.co.jp/

 管理棟　 24時間管理　 トイレ　 シャワー　 ランドリー　 食事処　 売店　 自販機　 炊事棟　 BBQ　 夜間照明　 ドッグラン　 Wifi

サイトプロフィール

雑木林の中にサイトがあり、水はけの良い小砂利のフィールド。洗い物は、給湯付の炊事場にある環境に優しい石鹸を使用。スポンジだけ持参しよう。管理人は24時間常駐。

予約・問い合わせ

☎ **0247-73-2945**

Tellにて3月上旬〜随時受付。
受付9:00〜18:00

▲区画サイトの平均サイズは8m × 8m。

▲地内にあるミニ図書館。

◀木製遊具「わんぱく小屋」で遊ぼう！

総サイト数	40	
オートキャンプサイト	AC電源あり	20区画
	AC電源なし	20区画
テントサイト	なし	
キャンピングカーサイト	対応サイト3区画（2トン車クラスまで）	
その他	宿泊施設11棟	

日影山の山麓にある自然溢れるキャンプ場

　サイトは、ナラやクヌギの雑木林の中にあり、木陰でのんびりと静かなキャンプが楽しめる。設備は清潔に管理されたサニタリー、多目的トイレをはじめ、お湯の出る炊事場がある。無料で使用できる「スモークボックス（スモークウッド売店にて500円）」や「ピザ釜」もあるので、食材を持参すれば、本格ピザを作ることもできる。オーナーが使い方を詳しく教えてくれるので初心者でも安心。1周40分ほどの遊歩道を散策したり、敷地内にあるミニ図書館で本を借り、木製ブランコに揺られながら読書をするなど、自然に包まれたゆるやかな時間を満喫しよう。ハイシーズンや日曜に開催されるイベントやキャンプファイヤーに参加して楽しもう。

利用条件

花火
OK。打ち上げ、音の出る花火は禁止。

焚火
OK。器具使用にて可。一斗缶無料貸し出し。

ペット
OK。リード必須。
トイレの始末はしっかりと。

ゴミ
指定袋にて回収。

キャンプファイヤーに
参加しよう。

高温で焼くピザは
とってもおいしい！

プレイスポット

手作りのわんぱく小屋・ミニ遊具・小さな小川など、楽しく自然に触れ合って森の中を遊びまわろう！工作室では、様々なクラフト作成を楽しめる工作教室を毎日開催。ミニ図書館で本を借り森の中で読書をしたり、遊歩道を歩いたりと、ゆったり派にもおすすめだ。場内にある「コピスCafé」では、コーヒーや天然酵母パンを楽しめる。

売店・買い出し・食事

薪や炭、酒類、カップ麺など。夏季限定で生ビールやソフトクリームも販売。「コピス Café」で、コーヒーや天然酵母のパンも楽しめる。その他の食事の施設やスーパーへは車で7分〜10分。

レンタル用品

テント（ロールマット2枚付き）3,500円・タープ2,500円をはじめ、アウトドア用のレンタル品は一通り揃っている（要予約）。

当日予約をすれば、場内の家族風呂で入浴ができる（大人550円、小人350円・石鹸付）。

ワンポイントアドバイス

リピーターには、割引や予約金の優遇などの得点が付く。早くリピーターになろう！
携帯電話・デジカメの充電器が設置してあり、10分200円で利用できる。

Infomation

所在地	福島県田村郡小野町浮金日影83-78
利用期間	4月上旬〜11月下旬
利用時間	IN13:00　OUT12:00　宿泊施設はOUT11:00 デイキャンプ 10:00〜16:00
休業日	不定休
交通	JR小野新町駅よりタクシーで約15分
車	磐越自動車道小野ICより国道349号を船引方面へ約10分
駐車場	1サイト1台無料（追加1台1,100円）

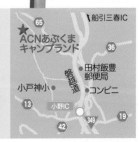

さくいん

Staff

取材・編集 ● ジェイアクト

デザイン／ DTP ● 川部晃司

Map ● 蛭牟田展衣

東北　親子で行きたい！ファミリーキャンプ場完全ガイド　改訂版

2021年4月10日　　第1版・第1刷発行

著者　　　「東北ファミリーキャンプ」編集室
　　　　　（とうほくふぁみりーきゃんぷへんしゅうしつ）
発行者　　株式会社メイツユニバーサルコンテンツ
　　　　　代表者　三渡　治
　　　　　〒102-0093東京都千代田区平河町一丁目1-8
印刷　　　株式会社 厚徳社

ご意見・ご感想はホームページから承っております。
ウェブサイト　https://www.mates-publishing.co.jp/

編集長:折居かおる　副編集長:堀明研斗　企画担当:千代　寧

※本書は2016年発行の『東北　親子で行きたい！ファミリーキャンプ場完全ガイド』を元に
　加筆・修正を行っています。